Ulmer

Eva Schumann

GEWÄCHSHAUS UND FRÜHBEET

erfolgreich nutzen für den eigenen Gemüseanbau

Vorwort

Mehr vom Gartenjahr und bessere Ernten

Knackige Gemüse und frische Kräuter selbst anbauen und ernten – da weiß man, was man auf den Tisch bringt. Mit einem Gewächshaus erweitern Gemüse- und Kräuterfans ihre Möglichkeiten.

Das Gartenjahr beginnt im Gewächshaus und Frühbeet früher und dauert länger. Die Ernten sind besser, denn das Gemüse ist vor zu viel Regen und anderen Witterungseinflüssen geschützt. Im Gewächshaus lassen sich auch wärmeliebende Arten und Sorten anbauen, die im Freien nicht zur Ernterreife gelangen würden. Kurzum, mit einem Gewächshaus hat man mehr Freude am Gemüse- und Kräuteranbau – wenn man weiß, wie es geht.

In diesem Buch finden Sie Fachkundiges zum Gemüsegewächshaus und seiner Ausstattung sowie Anleitungen zu den Arbeiten im Gewächshaus und den einzelnen Gemüse- und Kräuterkulturen. Die genannten Sorten, Marken oder Bezugsquellen sind jeweils Beispiele.

Eva Schumann

Die Autorin, Eva Schumann, ist Gartenbau-Ingenieurin (FH) mit Schwerpunkt Gemüsebau und Erfahrung im biologischen Pflanzenschutz. Aber sie ist auch leidenschaftliche Hobbygärtnerin und befasst sich seit vielen Jahren mit Kleingewächshäusern. Der schonende Umgang mit der Natur und der ökologische Anbau liegen ihr am Herzen.

Das steckt im Buch

Mein Gewächshaus

Anbauwissen

Gemüse und Kräuter anbauen

Service

Mein Gewächshaus

Das Kleingewächshaus wird oft zum Herzstück des Gartens und hat auch einen besonderen Platz im Herzen seines Besitzers – egal, ob es im Hausgarten, in der Kleingartenanlage, auf einem begrünten Dach oder auf einem Balkon steht.

Rund um die Anschaffung

Damit ein Gewächshaus den größtmöglichen Nutzen bietet, sollte man sich vor der Anschaffung einige Gedanken machen, beispielsweise über die Art und Größe des Gewächshauses, wo der beste Platz ist und was genau es können soll.

Geplante Nutzung

Für den Gemüse- und Kräuteranbau eignen sich schon ganz einfache, ungeheizte Gewächshäuser – beispielsweise eine mit Folie überspannte Holz- oder Metallrohrkonstruktion. Wer jedoch in seinem Gewächshaus im Frühjahr Tomaten- und Gurkenjungpflanzen heranziehen und im Winter Schnittlauch und Petersilie treiben möchte, muss nicht nur in die Temperierung, sondern auch in die Isolierung investieren. Nur so lassen sich die entsprechenden Mindesttemperaturen in der kühlen Jahreszeit garantieren, ohne dass die Energie in die Umwelt verpufft und die Heizkosten durch die Decke gehen. Eine Übersicht über die Ansprüche finden Sie in der Tabelle über die Gewächshausarten, Beheizbarkeit und Ausstattung je nach Nutzung.

Der beste Platz

Ein Gewächshaus gibt dem Garten ein ganz neues Gesicht – vor allem freistehende, große Gewächshäuser. Wer es weniger auffällig mag, baut ein Erdgewächshaus oder stellt ein Anlehngewächshaus ans Haus.

Für wärmeliebende Gemüse wie Auberginen und Chilis ist ein Gewächshaus der beste Platz.

Gewächshausarten, Beheizbarkeit und Ausstattung je nach Nutzung			
Geplante Nutzung	**Geeignete Gewächshäuser**	**Beheizbarkeit, Konstruktion und Eindeckung**	**Ausstattung, zu empfehlen**
Gemüse- und Kräuteranbau	Frei stehende und Anlehngewächshäuser, (Erdgewächshäuser), Frühbeetkästen, Pflanzhäuser, Folientunnel	Unbeheizt, frostfrei oder beheizt; jede Art Konstruktion; jede Art Eindeckung: Folie, Doppelfolie, Glas, Hohlkammerplatten, Doppelglas, Isolierglas	Wege, große Lüftungsflächen, Schattierung; empfehlenswert: automatische Fensteröffner, (automatische) Tropfbewässerung
Jungpflanzenanzucht	Frei stehende und Anlehngewächshäuser, Erdgewächshäuser (nur wenn auf Tischen)	Beheizbares Gewächshaus oder Kabine mit mindestens 15 °C; Konstruktion mit geringem Wärmedurchlass; Eindeckung: Doppelfolie, Glas, Hohlkammerplatten, Doppelglas, Isolierglas	Heizung, Arbeitstisch, Regale, frostsicherer Wasseranschluss, Strom; empfehlenswert: Glas, dünne Hohlkammerplatten und Undichtigkeiten im Herbst mit Luftpolsterfolie zusätzlich isolieren, (Zusatzlicht durch Pflanzenlampen, Assimilationslicht)
Treiberei	Frei stehende und Anlehngewächshäuser, Erdgewächshäuser	Beheizbares Gewächshaus oder Kabine mit mindestens 15–18 °C; Konstruktion mit geringem Wärmedurchlass; Eindeckung: Doppelfolie, Glas, Hohlkammerplatten, Doppelglas, Isolierglas	Heizung, frostsicherer Wasseranschluss; empfehlenswert: Glas, dünne Hohlkammerplatten und Undichtigkeiten im Herbst mit Luftpolsterfolie zusätzlich isolieren, Zusatzlicht durch Pflanzenlampen (Assimilationslicht)

Rein optisch sollte sich das Gewächshaus harmonisch in den Garten einfügen und zu seinen Besitzern passen, denn in der Regel will man sich über viele Jahre an ihm erfreuen.

Da Gemüsebeete nach Möglichkeit einen ganzjährig sonnigen Platz erhalten, sollte auch ein Gewächshaus, in dem Gemüse und Kräuter angebaut werden, einen Platz mit viel Licht bekommen. Es wird idealerweise nicht vom Wohnhaus, hohen Hecken oder von Bäumen beschattet.

Wer keine ganz optimalen Lichtbedingungen hat, muss Kompromisse eingehen. Wenn das Gewächshaus morgens, mittags oder abends 2 oder 3 Stunden im Schatten steht, macht das im Sommer mit seinen langen Sonnentagen nicht viel aus. Doch eine solche Beschattung zögert im Frühjahr den Anbaubeginn hinaus beziehungsweise wirkt sich im Herbst verkürzend aus – außer man kompensiert die natürlichen Gegebenheiten mit Technik, beispielsweise mit Heizung und Zusatzlicht.

Wird das Gewächshaus auch im Winter genutzt, platziert man es am besten nicht zu weit vom Wohnhaus entfernt.

Das Gelände, auf dem das Gewächshaus errichtet wird, sollte möglichst eben sein. Sonst muss es in diesem Bereich eingeebnet werden. Bei größeren Gewächshäusern mit tiefem Fundament ist zu beachten, dass der Grundwasserspiegel unter 1,5 m liegen sollte. Stark windexponierte Standorte sind vor allem für beheizte Gewächshäuser weniger geeignet, da hier die Wärmeverluste und damit die Heizkosten höher sind.

Platz und Gewächshaus müssen zusammenpassen

Bevor man sich endgültig für ein Gewächshaus entscheidet, legt man seine Größe, Form und Position mithilfe einer Schnur im Garten aus. Mit Pflanzstäben oder Ähnlichem stellt man die Höhe dar. Wenn alle Kriterien berücksichtigt sind und der Standort gefällt, hat man den richtigen Platz für sein Gewächshaus gefunden.

Optimale Ausrichtung

Die Dachneigung und die Aufstellungsrichtung des Gewächshauses bestimmen die Lichtausbeute von Pflanzen im Gewächshaus.

Ein Teil des Lichtes, das auf das Gewächshaus trifft, wird immer reflektiert. Je flacher der Einfallwinkel der Sonne auf die Dachoberfläche ist, desto mehr Licht wird reflektiert. Im Sommer ist eine hohe Reflektion hilfreich, weil es dann nicht so heiß im Gewächshaus wird. Im Winter aber soll möglichst wenig Licht reflektiert werden, sondern alles zu den Pflanzen gelangen. Dazu eignet sich am besten ein Gewächshaus, das in Ost-West-Richtung aufgestellt ist und das eine Dachneigung von 30° hat.

Ein Gewächshaus hat bei einer Ost-West-Aufstellung eine etwa 12 % höhere Lichtausbeute im Winter als ein Gewächshaus in Nord-Süd-Aufstellung. Mehr Licht im Gewächshaus führt auch zu einem stärkeren Gewächshauseffekt, das heißt, je mehr Licht ins Gewächshaus dringt, desto besser erwärmt es sich allein durch die Sonne.

Schon einfache Foliengewächshäuser verlängern die Gemüseanbauzeit.

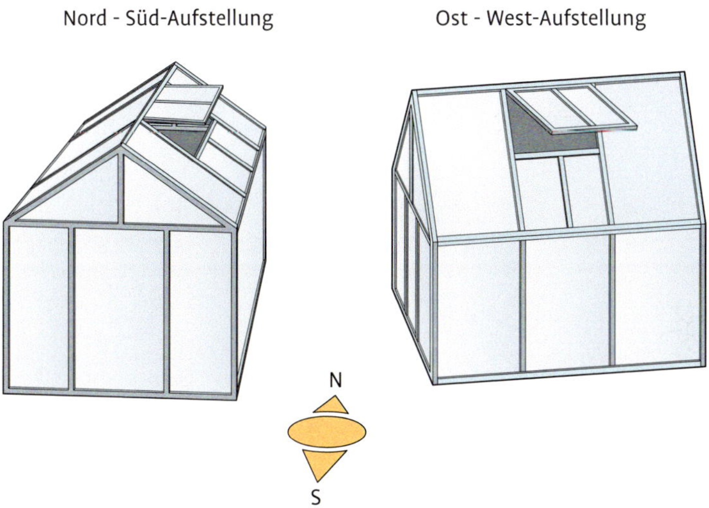

Die Aufstellungsrichtung beeinflusst die Helligkeit im Gewächshaus.

Wer sein Gewächshaus ungeheizt für den Gemüse- und Kräuteranbau hauptsächlich von März bis November nutzt, der kann es aber auch in Nord-Süd-Richtung aufstellen.

Anlehngewächshäuser stehen am besten an der Südseite des Wohnhauses. Weniger günstig, aber doch einigermaßen geeignet sind die Ost- und die Westseite.

Behördliche Auflagen

Da das Bauordnungsrecht in der Kompetenz der Bundesländer liegt, gibt es in Deutschland keine bundesweit einheitliche Genehmigungspflicht beziehungsweise Genehmigungsfreiheit für Kleingewächshäuser. Man findet die Vorschriften in den jeweiligen Landesbauordnungen (LBO). Die meisten im Handel angebotenen Kleingewächshäuser sind nicht genehmigungspflichtig, Wintergärten und Gewächshäuser, die über einen Aufenthaltsraum oder eine Feuerstelle verfügen, dagegen schon. Zuverlässige Auskunft erhält man bei der zuständigen Genehmigungsbehörde (Stadtbauamt, Bauamt des Landratsamts, Servicezentrum des Referats für Stadtplanung und Bauordnung etc.). Ist das Bauvorhaben genehmigungspflichtig, erhält man dort auch gleich Auskunft, welche Unterlagen man einreichen muss.

Aber auch bei der Aufstellung genehmigungsfreier Konstruktionen sind Baulinien und Grenzabstände einzuhalten und unter Umständen Bestimmungen des Denkmalschutzes zu beachten. Will man ein Kleingewächshaus in einer Kleingartenanlage aufstellen, muss man sich außerdem nach

Tunnelgewächshäuser sind meist mit Folie oder mit Hohlkammerplatten eingedeckt. Die Konstruktion besteht entweder aus Metallrohren oder Aluminiumprofilen.

deren Satzung richten. Genauso muss man in der Regel die Erlaubnis der Eigentümergemeinschaft einholen, wenn man als Besitzer einer Eigentumswohnung ein Gewächshaus im gemeinsamen Garten oder auf dem Tiefgaragendach aufstellen will. Es empfiehlt sich zudem, den Nachbarn bereits in der Planungsphase über das Vorhaben zu informieren, damit er sich von der Veränderung seines „Blickfeldes“ nicht überrumpelt fühlt.

Gewächshausarten

Ein Gewächshaus soll zum geplanten Standort und zum Besitzer passen, denn es verändert das Erscheinungsbild des Gartens oder des Balkons. Wer es weniger auffällig mag, für den kann ein Erdgewächshaus eine Alternative zum oberirdischen Gewächshaus sein.

Freistehendes Gewächshaus

Freistehende Gewächshäuser gibt es in vielen Größen und Formen von unterschiedlichen Herstellern. Der Vorteil von freistehenden Gewächshäusern mit lichtdurchlässiger Eindeckung zu allen Seiten ist: Jede Art der Nutzung ist möglich – Frühjahrs- und Herbstanbau von Gemüse und Kräutern oder Jungpflanzenanzucht im Frühjahr sowie hochwachsende Sommerkulturen und Treiberei im Winter. Je wärmer man das Gewächshaus in der kalten Jahreszeit heizen will, desto mehr Wert sollte man auf Isolierung und Energiesparen legen.

Welches Gewächshaus man sich anschafft, ist aber auch eine Frage des Geschmacks, der Anpassung an das Umfeld (Wohnhausstil, Gartenstil, Nachbarschaft) und der Selbstdarstellung. Ein Gewächshaus im viktorianischen Stil mit steilem Dach und Firstverzierung ist ein anderes modisches Statement als ein Gewächshaus mit bodenständiger Naturholzkonstruktion oder ein Gewächshaustunnel bestehend aus einer Stahl- oder Aluminiumrohrkonstruktion, die mit einfacher Folie oder Stegdoppelplatten eingedeckt ist.

Die meisten freistehenden Gewächshäuser haben eine rechtwinklige Grundfläche und ein symmetrisches Dach, aber es gibt auch solche mit Satteldach, bei denen die zur Sonne gewandte Seite tiefer herunter gezogen ist, um die Lichtausbeute im Winter zu verbessern. Wenn solche asymmetrischen Gewächshäuser auf der Nordseite eine feste Wand und Wärmespeichermodule haben, um die in Wärme umgewandelte Lichtenergie für die Nacht zu speichern, werden sie auch passivsolare Gewächshäuser genannt.

Eine runde Grundfläche hat das Dom-Gewächshaus, auch geodätisches Kuppel-Gewächshaus oder GeoDom genannt, das man selbst bauen kann.

Erdgewächshaus

Erdgewächshäuser sind begehbare, tief gelegte Gewächshäuser, auch Senkgewächshäuser genannt. Meist werden sie selbst entworfen und gebaut. In das Gewächshaus geht man über eine Treppe. Bei manchen ist oberirdisch nur das transparente Dach zu sehen, der Rest befindet sich unter der Erdoberfläche. Zu ihnen gehören die Walipinis, die man sich bei den südamerikanischen Hochlandindianern abgeschaut hat (siehe auch Fertiggewächshaus oder Eigenbau). Bei anderen Konstruktionen sind die Seitenwände teils unter- und teils oberirdisch, wobei die nach Norden gerichtete Stehwand oft massiv gebaut und zum Wärmespeicher umfunktioniert ist.

Bei manchen Erdgewächshäusern ist nur der Gang tief gelegt und die daneben liegenden Flächen werden als Beete in Hüfthöhe bepflanzt. Bei anderen ist das ganze Gewächshaus ausgehoben worden und die Pflanzen werden in Bodenbeeten (für Gemüse wegen Schatten weniger geeignet), auf Tischen/Tischbeeten oder auf eigens gebauten Hochbeeten angebaut.

Ein Erdgewächshaus fügt sich optisch dezenter in die Umgebung und es braucht weniger Material und Energie. Es eignet sich gut für Pflanzen, die man auf Tischen oder Hochbeeten, deren Oberfläche auf der gleichen Höhe wie der umgebende Garten liegt, aufstellt oder anbaut – das heißt für die Jungpflanzenanzucht, wenn man für die entsprechende Wärme und eventuell Zusatzlicht sorgt, sowie für den Anbau von niedrigen Gemüsen und Kräutern.

Außerdem sind die jeweiligen Standortfaktoren zu berücksichtigen, beispielsweise:

Ein Erdgewächshaus verändert das Bild des Gartens weniger und ist auch ein Statement für das Energiesparen.

- *Lässt die Höhe des Grundwassers ein Erdgewächshaus zu?*
- *Ob und wie kann man den Zugang und das Erdgewächshaus vor Regen und abfließendem Oberflächenwasser (Hanglage) schützen?*
- *Der Sonnenlauf am Standort zu den verschiedenen Jahreszeiten*

In unseren Breiten wird ein Erdgewächshaus auf einer ebenen Fläche besser mit einem steileren Dach von etwa 30° Dachneigung als mit einem Flachdach von 5° ausgestattet. So wird die Sonneneinstrahlung der hoch stehenden Sommersonne reduziert und die der tief stehenden Wintersonne besser ausgenutzt.

Anlehngewächshaus

Anlehngewächshäuser werden mit einer Seite an einer Wohnhaus- oder Garagenwand befestigt. Anlehngewächshäuser sind meistens Häuser mit einem leicht geneigten Pultdach. Aber auch Satteldachgewächshäuser können giebelseitig an eine Wand gebaut werden.

Anlehngewächshäuser erwärmen sich schneller und halten die Wärme besser als frei stehende Gewächshäuser. Das ist im Winterhalbjahr ein Vorteil, kann aber im Sommer ohne Schattierung problematisch sein. Anlehngewächshäuser sind in der Regel preisgünstiger als frei stehende Gewächshäuser.

Anlehngewächshäuser gibt es für alle Ansprüche: vom einfachen Folienanlehngewächshaus bis zur Konstruktion aus thermisch trennenden Kunststoffprofilen mit Stahlkern und einer Eindeckung mit Wärmeschutzglas beziehungsweise Plexiglas-Hohlkammerplatten.

Unterschied zwischen Anlehngewächshaus und Wintergarten
Ein Anlehngewächshaus ist wie jedes Gewächshaus vorrangig ein Ort für Pflanzen. Es hat keinen Zugang zum Wohnhaus und ist in der Regel genehmigungsfrei. Ein Wintergarten ist als Anbau eine Erweiterung des Wohnraumes, ist daher genehmigungspflichtig und unterliegt der Wärmeschutzverordnung sowie anderen Vorschriften.

Fertiggewächshaus oder Eigenbau

Das Angebot an Fertiggewächshäusern ist riesig: Vom kleinen Folienhaus bis zum Luxus-Anbautempel gibt es Fertiggewächshäuser für jeden Anspruch und Geldbeutel. Niemand muss also sein Gewächshaus selbst planen und bauen, sich beispielsweise mit der Tragfähigkeit der Konstruktion oder den Windlasten auseinandersetzen.

Üblicherweise kommen diese Fertiggewächshäuser als Bausatz mit einem Fundamentplan und einer Aufbauanleitung zu ihren frisch gebackenen Besitzern, die sie dann aufbauen müssen. Manche Teilarbeiten kann zwar eine einzelne Person allein durchführen, für den eigentlichen Zusammenbau sollte man aber mindestens zu zweit sein.

Wer sein Gewächshaus nicht selbst aufbauen möchte oder kann, der kann sich einen Gewächshausanbieter oder Händler aussuchen, der auch Services rund um den Aufbau anbietet – beispielsweise die Beton- und Erdarbeiten für das Fundament, die Vormontage der Gewächshausbauteile oder auch die Komplettmontage vor Ort. Andere Hersteller und Händler können zumindest eine Montagefirma empfehlen. Sonst muss man versuchen, einen Montageservice für Garten- und Gewächshäuser oder ein Unternehmen des Garten- und Landschaftsbaus zu finden, das diese Arbeiten ausführt.

Manche Gewächshäuser gibt es jedoch (noch) nicht als fertigen Bausatz mit allen benötigten Teilen zu kaufen. Ein wiederentdeckter Trend sind sogenannte passivsolare Gewächshäuser, deren besondere Konstruktion die Lichtausbeute maximieren und gleichzeitig die Wärmeverluste möglichst gering halten soll. Oft werden diese passivsolaren Gewächshäuser tiefer gelegt, ihr Hauptfenster nach Süden ausgerichtet und ihre Nordseite gemauert, an eine Wand gelehnt und als Wärmespeichermodul genutzt. Ein Beispiel für ein passivsolares Erdgewächshaus ist das Walipini. Im Internet findet man Anregungen, wie man ein solches Gewächshaus baut.

Ein anderer Trend sind kuppelförmige Gewächshäuser nach Bauanleitungen von Paul Roinson, die man im Internet erwerben kann. Die Kuppeln bestehen aus mit Folie überzogenen, dreieckigen Holzrahmen, die nach Anlei-

Ein Kuppelgewächshaus fällt sehr auf und bietet auch hohen Pflanzen Platz.

tung auf einen Sockel aus Holz gesetzt zu einem kuppelförmigen Gewächshaus zusammengefügt werden. Inzwischen baut Roinson auch Pyramidengewächshäuser.

Nicht allzu schwierig ist auch der Bau einer Gewächshauskonstruktion aus Dachlatten, die mit Steckelementen eines Stecksystems verbunden werden. Die gesamte Konstruktion bekommt dann einen Folienüberzug.

Wie viel Eigenleistung man in den Entwurf und Aufbau seines Gewächshaus steckt, hängt letztendlich von der Komplexität des gewünschten Gewächshauses, von den eigenen bautechnischen Kenntnissen und handwerklichen Fähigkeiten, von den Standortbedingungen sowie den eigenen Ansprüchen an Perfektion ab.

Gewächshaus auf dem Dach

Mit dem Trend, in die Stadt zu ziehen, gewinnt urbanes Gärtnern sowohl als Hobby als auch für den kommerziellen Gartenbau an Bedeutung. Wer als

Wege zum eigenen Gewächshaus

- *Kauf eines Fertiggewächshauses, Anlegen des Fundaments sowie Montage durch Händler oder Lieferfirma*
- *Kauf eines Fertiggewächshauses, Anlegen des Fundaments sowie Montage durch anderes Unternehmen*
- *Kauf eines Fertiggewächshauses, Anlegen des Fundaments sowie Montage selbst durchführen*
- *Kompletter Eigenbau eines selbst entworfenen Gewächshauses*
- *Eigenbau eines Gewächshauses nach einer Anleitung, beispielsweise aus dem Internet*
- *Design-Gewächshaus von einem Architekten, der dann auch die Bauleitung übernimmt (unüblich)*

Im Serviceteil am Ende des Buches finden Sie Bezugsquellenbeispiele für Fertiggewächshäuser sowie Weblinks zu Informationen über Walipini-Erdgewächshäuser, GeoDome, Stecksysteme und besondere Folien.

Stadtbewohner das Glück hat, ein Penthouse mit Dachgarten zur Verfügung zu haben, oder aber ein Hausdach oder ein Tiefgaragendach mitbenutzen darf, der kann mit einem Gewächshaus auf dem Dach genauso seine Möglichkeiten der Selbstversorgung vergrößern wie mit einem Gewächshaus im Garten.

Man wird auf dem Dach das Gemüse und die Kräuter eher nicht in Erd- oder Tischbeeten anbauen, sondern in Behältern mit mehr oder weniger erdähnlichen Substraten oder ganz erdelos, wie es die Hydroponikverfahren ermöglichen. Auch auf einem Dach lassen sich nachhaltig Gemüse und Kräuter anbauen, wenn man Kreisläufe für Wasser, Energie sowie organische Abfälle schafft.

Allerdings muss vor der Anschaffung eines Gewächshauses für ein Dach einiges geklärt werden: Man benötigt beispielsweise das Einverständnis des Vermieters und der Eigentümergemeinschaft. Man sollte sich bei der zuständigen Genehmigungsbehörde erkundigen, ob für das spezielle Projekt eine Baugenehmigung erforderlich ist.

Das Dach sollte eben sein, es muss beispielsweise das Gewicht des Gewächshauses, seiner Ausstattung, eventuell einer Wassersammelvorrichtung und die Substratvorräte tragen können. Das Gewächshaus muss sturmsicher befestigt werden können – was dadurch erschwert wird, dass man kein Betonfundament tief in den Boden legen kann, andererseits aber auf Dächern höhere Windgeschwindigkeiten und Windsoglasten auftreten. Wegen all dieser Fragen sowie der Leitungsplanung für Wasser und Strom sollte man fachkundigen Rat beispielsweise eines Architekten einholen.

Auch in der Stadt findet man ein Plätzchen für das Gewächshausgärtnern.

Probleme, die auf einem Dach besonders in der Stadt auftreten können, sind:

- *Zu starke Erwärmung des Gewächshauses im Sommer, weshalb das Gewächshaus eine gute Lüftung und Schattierung benötigt*
- *Belastung durch Luftverschmutzung*

Anlehngewächshäuser eignen sich für freie Hauswände und größere Balkone.

Gewächshaus auf dem Balkon

Für den Gemüse- und Kräuteranbau geeignet sind Balkone, die gen Osten, Südosten, Süden, Südwesten oder Westen ausgerichtet sind. Wer einen sehr großen Balkon hat, kann dort im Prinzip jede Art Gewächshaus aufstellen – auch ein frei stehendes. In den meisten Fällen ist der Platz auf dem Balkon aber dafür nicht ausreichend. Besser geeignet ist in der Regel ein Anlehngewächshaus mit geringer Tiefe, das man an die Hauswand lehnt. Ein solches Anlehngewächshaus bekommt man bei Gewächshausherstellern und -händlern.

Baumärkte und (Online-)Versandhändler bieten auch sogenannte Balkongewächshäuser an. Manche bestehen nur aus einer Art Regal, über das man eine große Folienhaube gestülpt hat, andere ähneln eher einem Schrank aus lichtdurchlässigen Elementen. Egal, ob Anlehngewächshaus, einfachere Variationen für den Balkon, Tomatenhaus oder Pflanzenhaus: Gibt es Regalfächer, entweder schon vorhanden oder nachgerüstet, eignen sich die Gewächshäuser zum Aufstellen von Aussaatschalen und Töpfen. Ohne Regalfächer kann man gut Pflanzen in Kübeln aufstellen, beispielsweise hochwachsende Tomaten, Chilisorten oder Auberginen.

Bei der Auswahl eines Gewächshauses für den Balkon sollte man nicht nur auf die Grundfläche achten, sondern auch auf die Lüftungsmöglichkeiten sowie auf die Art der Türen – eine ausschwenkbare Flügeltür kostet Nutzfläche. Wenn der Platz knapp ist, sind Schiebetüren oder solche zum Aufrollen oder Aushängen besser. Wichtig ist außerdem, auch ein Gewächshaus auf dem Balkon gut zu befestigen, beispielsweise mit Dübeln an der Wand.

Frühbeete, Folientunnel, Überdachungen

Manchmal sind kleine Lösungen wie ein Frühbeet, Folientunnel, Tomatenhaus oder ein überdachtes Hochbeet besser, beispielsweise wenn der Mietvertrag kein begehbares Gewächshaus gestattet oder man bald umziehen wird. Doch auch zusätzlich zu einem Gewächshaus sind diese kleinen Schutzräume sehr hilfreich.

Frühbeete

Frühbeete gibt es fertig im Gartenfach- und (Online-)Versandhandel zu kaufen. Sie haben meist Aluminiumprofile und mehr oder weniger dicke Hohlkammerplatten (Stegdoppelplatten) aus Polycarbonat oder dem lichtdurchlässigeren Acrylglas (Plexiglas). Man setzt sie einfach auf das Gartenbeet auf und sichert sie mit Erdankern. Zum Aufbau ist kaum handwerkliches Geschick nötig.

Frühbeete haben entweder ein Pultdach oder ein Satteldach. Ein Pultdach lässt sich von einer Seite öffnen, ein Satteldach von zwei Seiten. Die Dachflächen sind leicht geneigt, damit der Regen ablaufen kann, und aufklappbar beziehungsweise über eine Schiebevorrichtung stufenlos zu öffnen. Man kann Frühbeete auch mit einem automatischen Fensteröffner ausstatten, der das Dach dann temperaturabhängig öffnet – diese Anschaffung ist sehr zu empfehlen.

Wer mag, kann ein Frühbeet auch selbst bauen, beispielsweise indem man auf eine Beetumrandung aus Holz, Stein, Betonplatten, Strohballen oder anderen Materialien (gerahmte) Fenster aus Glas, Sicherheitsglas oder anderen lichtdurchlässigen Materialien legt. Gelüftet wird mithilfe von Holzkeilen, die zwischen Glas und Rahmen geklemmt werden. Wenn die Keile mehrere Kerben haben, kann man die Lüftungshöhe variieren.

Während die oben genannten Frühbeete eher dauerhaft an einem Ort bleiben, sind Frühbeete, die man aus Dachlatten, Eckstücken mit Erdankern und einer Folie selbst zusammenzimmert, eine schnelle und vorübergehende Lösung. Sie schützen Pflanzen auf dem normalen Gartenbeet, ähnlich wie Folientunnel, Pflanztunnel oder ein Kälteschutzvlies. Im Sommer entfernt man sie meist vom Beet.

Frühbeete müssen gut zu lüften sein, allerdings sind Fensterhalter mit einer stabileren Befestigung zu empfehlen.

Ein niedriger Folientunnel auf dem Beet schützt die Pflanzen vor der Kälte im Frühjahr und Herbst und lässt mehr Luft an die Pflanzen als eine direkt aufliegende Folie.

Wichtig ist in jedem Fall, dass sich das Frühbeet gut lüften lässt. Wer das morgens nicht regelmäßig und rechtzeitig schafft, kann sich mit einem automatischen Lüftungsöffner helfen.

Ein Frühbeet ist nicht nur ein kleiner Ersatz für ein Gewächshaus, es ist auch eine sehr hilfreiche Ergänzung zu jedem Gewächshaus. So kann man mit einem Frühbeet in einem Gewächshaus eine wärmere Kabine schaffen. Nutzt man dagegen das große Gewächshaus geheizt für die Jungpflanzenzucht, können die schon größeren Pflanzen im Frühbeet draußen abhärten, bevor sie ganz ins Freie kommen. Vlies- oder nachts auch Zeitungspapierauflagen schützen die Pflanzen im Frühbeet zusätzlich vor Frost – oder über Nacht dicke Strohmatten auf den Frühbeetfenstern.

Wenn man die Frühbeetfenster im Sommer hochstellt, indem man sie auf höhere Pfosten legt, kann man darunter Buschtomaten, Paprika oder Chili regengeschützt anbauen und ihnen dabei gleichzeitig viel frische Luft zuführen. Beides ist wichtig, um Tomaten, aber auch andere Pflanzen gesund zu erhalten.

Folientunnel, Pflanzentunnel

Es gibt Folientunnelgewächshäuser, in denen man aufrecht stehen kann, die bereits bei den frei stehenden Gewächshäusern vorgestellt wurden. Und es gibt niedrige Folientunnel und Pflanztunnel für den Schutz der Pflanzen auf dem Beet im Frühjahr und Herbst.

Folientunnel bestehen meist aus halbkreisförmigen Metallbögen, die in die Erde gesteckt werden. Darüber spannt sich eine Folie, die man zum Lüften, Bearbeiten und Gießen seitlich hochschieben kann.

Pflanztunnel sind aus dickwandigem, geformtem Kunststoff und werden mit Heringen im Boden verankert. Es gibt sie in verschiedenen Größen sowie mit und ohne aufklappbare und abnehmbare Deckel.

Folien- und Pflanztunnel ohne Regenöffnungen beziehungsweise Schlitzen in der Folie müssen zum Gießen geöffnet werden. Bei solchen mit Öffnungen ist es möglich, weniger oder über die Folie zu gießen.

Überdachungen

Zu den kleinen Lösungen gehören auch die Tomatendächer, sogenannte Tomatenhäuser, sowie Pflanzenhäuser. Sie sind keine begehbaren Gewächshäuser, sondern entweder nur ein Dach auf langen Beinen oder aber eine Art Schrank aus lichtdurchlässigem Material wie Hohlkammerplatten. Andere sind im Grunde nur über einen Rahmen gehängte Folien. Auch sie bieten den Pflanzen Schutz vor Regen und manche auch vor Kälte, während der Mensch die Pflegearbeiten (bei trockenem Wetter) von draußen vornimmt. Bei Tomaten ist es beispielsweise besonders wichtig, dass sie nicht im Regen stehen und kein Spritzwasser auf die Blätter gelangt. Sonst werden sie meist von Kraut- und Braunfäule, einem Pilz, der nur bei Feuchte keimen kann, befallen.

Ein Tomatenhaus soll vor Regen von oben und Spritzwasser von der Seite schützen, gleichzeitig an warmen Tagen viel Luft an die Pflanzen heranlassen.

Bei manchen dieser Lösungen kann man nur über das Türöffnen lüften, bei anderen kann man die Türen komplett aushängen. Bei einigen Pflanzenhäusern lässt sich zusätzlich das Dach öffnen, damit die warme Luft nach oben abziehen kann.

Tomaten- und Pflanzenhäuser kann man im Frühjahr und Herbst mit einem Regal ausstatten und dann darin Kräuter und Gemüse in Töpfen anziehen. Im Sommer – ohne Regal – erhalten Tomaten, Auberginen und Paprika in großen Kübeln dort ihren Sommerplatz.

Hochbeet mit Frühbeetaufsatz

Seit ein paar Jahren liegen Hochbeete im Trend – mit ihnen kann man an jedem Ort gärtnern. Zudem wird man damit auch gleich einen Teil der Gartenabfälle los, denn das Innere funktioniert wie ein Komposthaufen: eine Recyclingmaschine für Gartenabfälle – vorausgesetzt das Hochbeet ist ausreichend hoch und nicht nur ein Tischbeet.

Prinzipiell ist Hochbeetgärtnern mit und ohne Kontakt zu einem gewachsenen Boden möglich. Relativ neu sind Hochbeete mit Frühbeetaufsatz. Die Pflanzen erhalten so Wärme von unten durch die Zersetzung im Inneren des Hochbeetes und der Aufsatz schützt vor Wärmeverlusten – auch eine tolle Möglichkeit, das Gartenjahr zu verlängern. Wer bereits ein Hochbeet ohne Frühbeetaufsatz hat, kann nachträglich ein Hochbeet mit Frühbeeteffekt daraus machen. Wenn es von den Maßen her passt, können Sie ein Fertigfrühbeet auf das Hochbeet setzen und es dort mit herausnehmbaren Erdankern sichern – oder aber, Sie setzen Folientunnel oder Pflanzentunnel auf das Hochbeet.

Wie bei anderen Frühbeeten oder Gewächshäusern ist es wichtig, dass Sie das Hochbeet mit Frühbeetaufsatz gut lüften können.

Gewächshäuser, Frühbeete und Hochbeete mit Gewächshausaufsatz kann man sich im Kleingarten für Gemüse und Kräuter in Weihenstephan ansehen.

Bauteile des Gewächshauses

Ein Gewächshaus benötigt eine stabile Konstruktion, eine wetterfeste, lichtdurchlässige Außenhaut und ein Fundament, das zum Gewächshaus passt und seine Standfestigkeit garantiert. Diese Bauteile gibt es in unterschiedlichen Materialien und Qualitäten.

Konstruktionsmaterialien

Die Konstruktion gibt dem Gewächshaus seine Form und Stabilität. Sie hält die Eindeckungsmaterialien, wo sie hingehören, und führt die Kräfte nach unten zum Fundament ab. Beim Vergleich verschiedener Angebote sollte man auch die Herstellergarantien beachten.

Holz

Holz ist ein nachwachsender Rohstoff. Holz wird einerseits häufig für den Eigenbau von einfachen Foliengewächshäusern genutzt, andererseits für besonders schöne Holz-Gewächshäuser mit natürlichem Flair. Holz hat jedoch den Nachteil, dass es sich selbst nach längerer Trocknung und Lagerung abhängig von der Temperatur und Feuchte dehnt und sich zusammenzieht. Das kann dazu führen, dass Gewächshäuser mit Holzkonstruktionen, je nach Verbindung mit dem Eindeckungsmaterial, undicht werden oder das Eindeckungsmaterial zu Bruch geht. Ein weiterer Nachteil von Holz ist, dass es faulen und von Schadorganismen befallen werden kann. Um Holz davor zu schützen, kann man es mit pflanzenverträglichen Mitteln imprägnieren – das muss man aber alle paar Jahre wiederholen.

Für ökologisch produziertes Holz und nachhaltige Waldbewirtschaftung stehen die Zertifikate FSC (Forest Stewardship Council) und PEFC (Programme for the Endorsement of Forest Certification Schemes). Holzprodukte aus heimischen Wäldern sind aus Nachhaltigkeitssicht besonders empfehlenswert.

Feuerverzinkter Stahl

Feuerverzinkter Stahl ist inzwischen ein wenig gebräuchliches Konstruktionsmaterial für Kleingewächshäuser, weil sich aus ihm nur sehr einfache Profile fertig lassen. Diese sind zum einen schwer und leiten zum anderen Wärme nach außen. Die fertig bearbeiteten Stahlprofile werden in ein Zink-

Im Anzuchtgewächshaus werden die Aussaaten warm aufgestellt. Nach dem Vereinzeln kommen die Pflanzen ins Frühbeet daneben.

bad getaucht und dadurch mit einer korrosionsbeständigen Zinkschicht überzogen. Bei jeder nachträglichen Bohrung oder Bearbeitung entstehen blanke Stahlflächen, die mit Zinkstaubfarbe versiegelt werden müssen.

Aluminium

Aluminium ist derzeit das gebräuchlichste Konstruktionsmaterial für Kleingewächshäuser. Es ist leicht und es lassen sich aufwendige Konstruktionsprofile damit erstellen, die wenig Wärme nach außen leiten und gleichzeitig sehr stabil sind. Bei thermisch getrennten Profilen unterbricht ein zwischen dem nach innen und dem nach außen weisenden Teil des Profils eingebauter Kunststoffsteg den Wärmefluss.

Aluminium reagiert mit dem Sauerstoff der Luft und bildet dadurch eine witterungsbeständige, graue Schutzschicht an der Oberfläche.

Aluminiumkonstruktionen werden jedoch nicht nur natürlich oxidiert, sondern auch eloxiert oder in RAL-Farben pulverbeschichtet angeboten. Das Eloxalverfahren (Elektrolytische Oxidation des Aluminiums) verbessert den Oberflächenschutz, wobei die Oxidschicht häufig gleichzeitig eingefärbt wird. Eloxierte Aluminiumteile behalten ihre glatte, glänzende Oberfläche. Bei der Pulverbeschichtung werden farbige Kunststoffpulver auf das Metall aufgebracht und durch Wärmeeinwirkung aufgeschmolzen.

Kunststoff mit Stahlkern

Kunststoff leitet kaum Wärme, ist aber nur begrenzt stabil. Für hochwertige Gewächshäuser gibt es UV-beständige Kunststoffprofile, die innen einen Stahlkern enthalten.

Eindeckungsmaterialien

In einem Gewächshaus in unseren Breiten soll die Eindeckung vor allem im Winter das Licht durchlassen, aber die Wärme im Haus halten. Darüber hinaus muss die Eindeckung einen Ballwurf, Windböen oder einen Hagelschauer aushalten können. Eine Maßzahl für den Wärmedurchgang eines Materials ist der U-Wert (Wärmedurchgangskoeffizient, früher k-Wert). Je größer der U-Wert, desto schlechter ist das Wärmedämmvermögen. Für zu beheizende Gewächshäuser sollte man ein Eindeckungsmaterial mit möglichst kleinem U-Wert wählen beziehungsweise es in der kalten Jahreszeit zusätzlich isolieren.

U-Werte verschiedener Eindeckungsmaterialien

Material	Stärke	U-Wert in W/m²K
Luftpolsterfolie H 30	8 mm	3,0
Einfaches Blankglas	3 mm	6
ESG	4 mm	5,9
Beschichtetes Glas (Hortiplus oder K-Glas)	4 mm	3,7
Beschichtetes ESG (HortiplusN oder ESG-K-Glas)	4 mm	3,7
Doppel-Blankglas	16 mm	3
Isolierglas	14 mm	2
Wärmeschutzglas	24 mm	1,1
Polycarbonat, Stegdoppelplatte	6 mm	3,5
Polycarbonat, Stegdoppelplatte	8 mm	3,3
Polycarbonat, Stegdreifachplatte	10 mm	2,8
Polycarbonat, Stegdreifachplatte	16 mm	2,3
Polycarbonat, Stegfünffachplatte	16 mm	1,9
Acrylglas (Plexiglas Alltop), Stegdoppelplatte	16 mm	2,4
Acrylglas (Plexiglas Resist), Stegvierfachplatte	32 mm	1,6

Die U-Werte in der Tabelle sind verschiedenen Herstellerkatalogen entnommen.

Glas

Glas ist das klassische Eindeckungsmaterial für Gewächshäuser. Es ist bis zu 93 % lichtdurchlässig und es kann recycelt werden. Allerdings hat es bei einer Dicke von 3 mm einen U-Wert von etwa 6 – es lässt viel Wärme hindurch.

Glas für Gewächshäuser wird als Gartenblankglas (Flachglas, Fensterglas) oder als Gartenklarglas (Gussglas, einseitig genörpelt) in verschiedenen Stärken angeboten. Gartenklarglas lässt durch die Nörpelung ein diffuses, weicheres Licht in das Gewächshaus einfallen, was ein „Verbrennen" des Pflanzengewebes bei starker Sonneneinstrahlung verhindert. Die Nörpelung wird immer nach innen verlegt. Wer die Vorteile beider Glassorten ausnutzen möchte, deckt die Dachflächen mit dem genörpelten Gartenklarglas und die Seiten- und Giebelwände mit Gartenblankglas ein.

Einscheiben-Sicherheitsglas (ESG) ist ein besonders behandeltes Glas. Es besitzt eine höhere Schlag- und Stoßfestigkeit. Falls es doch zu Bruch geht, zerfällt es in Krümel. Es wird für die Gewächshausverglasung zum Beispiel in 4 mm Stärke angeboten (30 % UV-Durchlässigkeit, 89 % Lichtdurchlässigkeit, U-Wert 5,9 W/m²K).

Profile verschiedener Eindeckungsmaterialien.

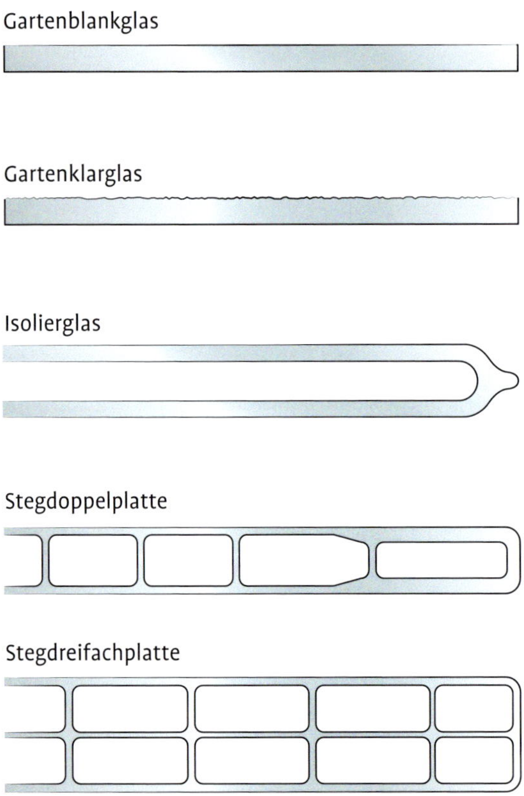

Wesentlich weniger wärmedurchlässig als eine Einfachverglasung ist die Doppelverglasung. Noch besser als die „normale" Doppelverglasung ist die Isolierverglasung: Zwei oder mehr Glasscheiben werden so verschweißt oder verklebt, dass ein Zwischenraum entsteht, der mit Luft oder einem Gas gefüllt wird. Isolierglas gibt es in vielen verschiedenen Variationen. Eine davon ist das Wärmeschutzglas, das einen besonders kleinen U-Wert hat.

Ein Nachteil von Glas ist sein hohes Gewicht, was stabilere und teurere Konstruktionen erforderlich macht.

Hartkunststoff

Gewächshäuser mit einer Eindeckung aus Hartkunststoff sind im Hobbygarten inzwischen sehr verbreitet. Meist sind es Hohlkammerplatten (Stegplatten) aus Polycarbonat (Macrolon, Lexan) oder Acrylglas (Plexiglas). Acrylglas wird im Kleingewächshausbau vor allem als Plexiglas Alltop (91 % Lichtdurchlässigkeit, UV-durchlässig) oder Plexiglas Resist (86 % Lichtdurchlässigkeit, nicht UV-durchlässig) verwendet. Die UV-Durchlässigkeit von Plexiglas Alltop ermöglicht Wachstumsbedingungen ähnlich wie im Freiland: Der Wuchs ist natürlicher, die Farbentwicklung der Blüten und der Geschmack der Früchte intensiver.

Der Vorteil von Hartkunststoffeindeckungen liegt in ihrem guten Wärmedämmverhalten und dem geringen Materialgewicht. Die Schlagzähigkeit dieser Materialien, speziell des Polycarbonats, macht sie hagelsicherer. Selbst große Hagelkörner durchschlagen fast nie beide Schichten der Stegdoppelplatten. Nach dem Hagelschlag müssen zwar die Scheiben ausgewechselt beziehungsweise repariert werden, aber die Pflanzen im Gewächshaus bleiben oft unversehrt.
Hartkunststoffplatten sind heutzutage weitgehend UV-beständig, spezielle Beschichtungen verhindern das „Altern“. Diese vom Hersteller in der Regel mit einer Garantie versehenen Produkte sind meist mit dem Zusatz „LONGLIFE“ gekennzeichnet. Die sogenannte „NO DROP-Beschichtung“ verhindert die Tropfenbildung durch Schwitzwasser auf der nach innen gerichteten Seite der Eindeckung. Das Wasser fließt als dünner Film an der Oberfläche der Kunststoffplatten ab und tropft nicht auf die Pflanzen, was sonst bei starker Sonneneinstrahlung zu Verbrennungen führen könnte.

Ein kleines Gewächshaus mit wenig isolierender Eindeckung bietet erst ab ca. Mitte April ausreichend Schutz vor Nachtfrost.

Eine Gewächshauseindeckung aus Plexiglas-Stegdoppelplatten lässt viel Licht ins Gewächshaus und sorgt für gute Wärmeisolierung.

Leider sind Stegplatten oft weniger durchsichtig als Glas. Man wird daher, wo es auf freie Durchsicht ankommt, Isolierglas oder Stegdoppelplatten mit großem Stegabstand aus Polyacryl (Plexiglas Alltop) wählen. Es ist auch eine kombinierte Eindeckung beispielsweise aus Glas für die Stehwände und Kunststoffplatten für die Bedachung möglich.

Hohlkammerplatten und Isolierglas sind besonders für beheizte Gewächshäuser zu empfehlen, wo sie den Wärmeverlust verringern und dadurch die Heizkosten senken.

Die Luftfeuchte ist in Gewächshäusern mit Hohlkammerplatten- und Isolierglas-Eindeckung höher als in einfach eingedeckten Häusern, da bei letzteren der Wasserdampf der Luft an der kalten Außenwand kondensiert und als Wasser nach unten abläuft.

Kunststofffolien

Einfache Kunststofffolien sollten nur für unbeheizte Gewächshäuser Verwendung finden, da sie einen hohen Wärmedurchgang haben. Die im Handel befindlichen Folien sind meist aus Polyethylen (PE) oder aus Polyvinylchlorid (PVC) und zwischen 0,1 und 0,2 mm dick. Das Sprödewerden und Eintrüben der Folien durch Sonnenlicht spielt bei den UV-stabilisierten Gartenbaufolien eine geringere Rolle – oft wird die von den Herstellern garantierte Haltbarkeit von 3 bis 4 Jahren um mehrere Jahre überdauert. Gitterverstärkte Folien besitzen eine höhere mechanische Festigkeit, reduzieren aber den Lichteinfall.

Im Erwerbsgartenbau hat inzwischen die Doppelfolien-Eindeckung Einzug gehalten, beispielsweise die F-Clean-Folie – sie ist licht- und UV-durchlässig, aber schützt auch vor Wärmeverlusten.

Ungeeignet zur Eindeckung von Gewächshäusern sind Folien aus dem Baustoffhandel.

Fundamente

Das Fundament sorgt für einen stabilen Stand und dafür, dass das Gewächshaus selbst bei Sturm nicht verschoben werden kann oder sogar abhebt. Das Fundament muss zum jeweiligen Gewächshaus passen.

Bei gekauften Fertiggewächshäusern gibt es neben der Bauanleitung auch einen Fundamentplan. Einfache, kleine Foliengewächshäuser, die aus ein paar Stahlrohren, einem Rahmen und Gartenbaufolie bestehen, aber auch andere sehr kleine Gewächshäuser brauchen kein Fundament. Sie werden mit tief in den Boden gesteckten Stahlrohren und/oder Ankern befestigt.

Beim Bauen der folgenden Fundamente sind sorgfältiges Messen und handwerkliche Grundkenntnisse erforderlich. Lassen Sie sich am besten vor dem Kauf den Fundamentplan zeigen, um festzustellen, ob Sie sich zum Fundamentanlegen und Aufbauen lieber fachmännische Hilfe organisieren.

Fundamentrahmen auf Beton-Punktfundament

Kleine Fertiggewächshäuser werden oft mit einem Fundamentrahmen aus Stahl oder Aluminium angeboten. An diesen Fundamentrahmen sind Anker angebracht oder müssen nach Anleitung angeschraubt werden. Vor dem eigentlichen Gewächshausaufbau werden auf der bereits eingeebneten Fläche für diese Anker entsprechend dem Fundamentplan Löcher gegraben. In diese Löcher werden zunächst Rohre aus Kunststoff einbetoniert – aber so, dass der Innenraum freibleibt. Dann wird der Fundamentrahmen rechtwinklig ausgerichtet – mit den Ankern in den Rohren. Nun werden die Gewächshauswände auf den Fundamentrahmen gestellt, angeschraubt und miteinander verbunden. Erst am Schluss, wenn das Gewächshaus fertig aufgebaut ist und geprüft wurde, dass sich Fenster und Türen gut schließen lassen, werden die Punktfundament-Rohre innen mit Beton ausgegossen.

Ein Fundamentrahmen eignet sich nur für kleine, einfache Gewächshäuser.

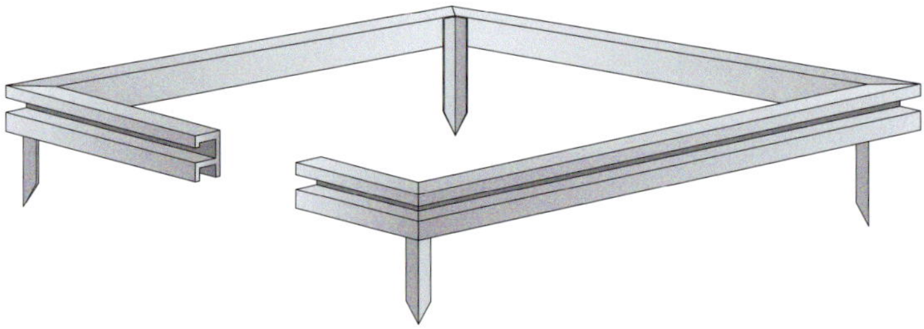

Hinweis: Je weicher ein Boden ist, desto tiefer muss das Punktfundament gehen – oder man verwendet alternativ ein Beton-Streifenfundament.

Beton-Streifenfundament

Vor allem für größere Gewächshäuser besser geeignet ist ein Beton-Streifenfundament, das rundum unter den Wänden verläuft. Je breiter das Streifenfundament, desto besser wird das Traggewicht verteilt. Statt mit einem Fundamentrahmen lässt man sich das Gewächshaus mit einem sogenannten Basisprofil ausliefern. Dieses Basisprofil wird dann an das Fundament geschraubt.

Das stabilste und dauerhafteste Fundament ist das Beton-Streifenfundament.

Ein Beton-Streifenfundament kann man beispielsweise aus Fertigbetonsteinen oder mittels Beton-Hohlsteinen, die man mit Beton ausgießt, er-

stellen. Der Betonstreifen kann aber auch gegossen werden – dazu ist in den meisten Fällen eine Verschalung des Fundamentgrabens nötig.

Unter Verschalung versteht man das Einsetzen von Schalungsplatten an den Seiten des Fundamentgrabens. Der Raum zwischen den Schalungsplatten wird dann mit Beton gefüllt.

Wärmeverluste über den Boden lassen sich weiter verringern, wenn man an der Innenseite (und eventuell Außenseite) des Beton-Streifenfundamentes Styrodurplatten anbringt.

Auf das gegossene Betonfundament kann man auch einen Sockel mauern und das Gewächshaus an dem Sockel befestigen. Ein Sockel oder ein hochgezogenes Betonfundament bieten sich auch an, wenn man im Gewächshaus auf Hochbeeten (zumindest an den Seiten) anbauen möchte. Die Gewächshaushöhe muss dann vom Hersteller angepasst werden, damit das Haus nicht zu hoch wird.

Frostfreie Gründung

Ein Fundament sollte mindestens 80 bis 100 cm tief gründen, um gegen Frost geschützt zu sein. Darunter bringen Sie am besten noch eine Schicht aus verdichtetem Kies ein, die Sie mit einer Kunststofffolie aus PE vom Beton abtrennen.

Stabiles Fundament mit aufgemauertem Sockel.

Sonstige Ausstattung

Mit der richtigen Ausstattung kann man das Gewächshausklima besser regulieren, Wasser sparen, den Platz im Gewächshaus optimal ausnutzen und sich selbst die Pflegearbeiten erleichtern.

Türen, Fenster, Fensteröffner

Das Gewächshaus soll in der kalten Jahreszeit gut Wärme speichern, Türen und Fenster müssen daher dicht schließen. Aber im Sommer brauchen Gemüse und Kräuter viel frische Luft, um gesund zu bleiben. Große Türen, durch die am besten auch eine Schubkarre passt, sowie ausreichend Fenster sind zum Lüften im Sommer sehr wichtig.

Vorsicht: Gerade bei Sonderangeboten hapert es oft an den Lüftungsflächen. Zwar kann man die Temperatur mit einer Schattierung im Sommer etwas senken, aber das kann nicht die Frischluftzufuhr ersetzen, die beispielsweise Tomaten unbedingt brauchen.

Eine Schiebetür spart im Vergleich zur Flügeltür Platz. Allerdings ist eine hochwertige, robuste Ausführung zu empfehlen, denn wenn sie sich verzieht oder die Laufrollen anrosten, ist die Freude vorbei.

Bei diesem Gewächshaus kann man eine Seitenwand hochklappen und hat im Sommer einen Regenschutz für die Fläche neben dem Gewächshaus.

Flügeltüren sind weniger störanfällig. Es gibt auch Flügeltüren, bei denen man nur die obere Hälfte öffnen kann, während die untere Hälfte geschlossen bleibt und beispielsweise hungrige Kaninchen abhält.

Bei kleinen Tomatenhäusern aus Folie kann man oft die Türen an der Vorderseite komplett hochrollen, bei kleinen Pflanzhäusern lässt sich in der Regel das Dach öffnen und die Vorderseitentüren lassen sich komplett öffnen oder aushängen.

Ein größeres Gewächshaus hat neben einer Vordertür und je nach Länge einer Hintertür mindestens ein Dachfenster mit Drehpunkt am höchsten Punkt des Firstes, über das die aufsteigende warme Luft entweicht. Außerdem verfügt es ebenfalls an einer Seitenwand auf der Ost- oder Nordseite über ein Fenster, durch das frische, kühlere Luft hereinströmen kann. Da es im Sommer sehr früh am Morgen im Gewächshaus warm werden kann, sind automatische Fensteröffner, die die Fenster temperaturabhängig öffnen, sehr hilfreich.

Für den etwas größeren Geldbeutel gibt es Gewächshäuser, bei denen man eine ganze Seitenwand aufklappen kann. Diese dient dann als Regenschutz für das Beet daneben – so hat man noch mehr Platz für Tomaten, Chili, Auberginen & Co.

Vor allem größere Gewächshäuser sollten eine breite Tür haben, durch die man mit der Schubkarre fahren kann.

Frische Luft für die Pflanzengesundheit

Die Lüftungsöffnungen sollten im Sommer einen 20- bis 50-fachen Luftwechsel pro Stunde ermöglichen. An einem heißen Sommertag sollte die Temperatur im Gewächshaus bei 20-fachem Luftwechsel nur etwa 5 °C höher liegen als die Außentemperatur.

Wege

Für Gewächshäuser, in denen man Gemüse und Kräuter im gewachsenen Boden anbaut, sind Wege aus Holzlatten oder aus Steinplatten, die direkt auf die Erde verlegt werden, gut geeignet. Man gelangt sauberen Fußes überall hin und man kann sie, wenn man will, für die Bodenvorbereitung im Frühjahr auch ganz herausnehmen und hinterher schnell wieder neu verlegen. Bei einem schmalen Gewächshaus legt man in der Regel einen Hauptweg von der Vorderseite zum hinteren Teil des Gewächshauses an, der das Gewächshaus in zwei Hälften teilt. Ist das Gewächshaus breiter und man kommt dann nicht überall hin, kann man entweder Stichwege vom Hauptweg aus senkrecht setzen oder man legt mehrere Hauptwege parallel zueinander an.

Wer ausschließlich auf Tischen oder in Hochbeeten anbaut, der wird die Wege dauerhaft anlegen, beispielsweise Platten auf ein verdichtetes Kiesbett verlegen.

Holzroste sind eine preisgünstige und flexible Wegelösung. So bleiben die Schuhe bei Hackarbeiten und Ähnlichem sauber und trocken.

Während die im Boden gepflanzten Gemüse erntereif werden, warten in den Hängeregalen Jungpflanzen darauf, ausgepflanzt zu werden.

Tische und Regale

Mit Hängeregalen vergrößert man seine Aufstellfläche – und von der kann man in keinem Gewächshaus genug haben. Anders sieht es beim Arbeitstisch aus. In einem kleinen ungeheizten Gewächshaus, in dem man hauptsächlich Gemüse und Kräuter im Boden anbauen will, wird man keinen Platz für einen Arbeitstisch opfern. Anders sieht es in einem Gewächshaus aus, in dem man seine Jungpflanzen selbst heranzieht: Auf einem Arbeitstisch lässt sich besser säen, pikieren und andere Arbeiten durchführen.

Strom, Heizung, Licht

Für den Gemüse- und Kräuteranbau muss das Gewächshaus nicht unbedingt beheizt werden und man braucht auch nicht zwingend einen Stromanschluss. Das Gewächshaus als solches sorgt schon für eine verlängerte Gartensaison.

Wer noch ein paar Tage Vor- und Nachsaison dazu gewinnen beziehungsweise das Wachstum der Pflanzen beschleunigen möchte, kann schwarze, mit Wasser gefüllte Wärmespeicherschläuche (BETA SOLAR Wärmespeicher) zwischen die Pflanzenreihen legen und/oder die Pflanzen mit Vlies bedecken. Schutz vor allzu tiefen Temperaturen in der Nacht bieten auch hier

Propangasheizungen benötigen weder Stromanschluss noch Schornstein.

Auflagen aus Zeitungspapier auf den Pflanzen und/oder Strohmatten über dem Gewächshaus. Beides wird tagsüber entfernt.

Wer sein Gewächshaus frostfrei halten möchte, weil beispielsweise in dem Gewächshaus auch ein paar Kübelpflanzen überwintern sollen, der braucht einen Frostwächter. Das kann eine elektrische Gewächshausheizung mit relativ geringer Leistung sein, die sich bei Frost automatisch anschaltet, oder ein Gasheizungs-Frostwächter. Letzterer muss erhöht aufgestellt und vor dem Frost von Hand gezündet werden. Darüber hinaus gibt es auch Paraffinöl-/Petroleumheizungen für Gewächshäuser. Die Bewertungen mancher Anwender im Internet deuten allerdings auf schwierige Handhabung und unzuverlässige Ergebnisse hin.

Wer im Spätwinter oder im Frühjahr mit der Jungpflanzenzucht im Gewächshaus beginnen möchte, der braucht jedoch eine leistungsfähige Heizung. Am gebräuchlichsten für Kleingewächshäuser sind elektrische

Heizungen (Rippenrohrheizung, Rohrheizung, Gebläseheizung) und Gasheizungen – sie müssen jeweils speziell für Gewächshäuser geeignet sein und den Wärmebedarf decken können. Es gibt praktischerweise auch elektrische Heizlüfter, die im Sommer ohne Heizung nur zum Luftumwälzen verwendet werden können.

Wärmebedarf berechnen

Der Wärmebedarf kann über diese Formel ermittelt werden:

Wärmebedarf = Außenfläche x U-Wert x Temperaturdifferenz

Die Außenfläche ist die Summe aller Einzelflächen (Dachflächen, Stehwände, Giebelwände, Giebelspitzen) des Gewächshauses. Den U-Wert kann man den Angaben des Herstellers oder der Tabelle Seite XX entnehmen. Die Temperaturdifferenz errechnet sich aus dem Unterschied zwischen angestrebter Temperatur im Gewächshaus und örtlicher Tiefsttemperatur und wird in Kelvin (K) angegeben. Die DIN EN 12831 (Deutsches Institut für Normung und Europäische Norm) gibt als Normwerte für Düsseldorf und Köln −10 °C, für Frankfurt, Karlsruhe, Würzburg und Stuttgart −12 °C, für Braunschweig, Hannover und Augsburg −14 °C und für Nürnberg, München und Regensburg −16 °C an. Das Ergebnis ist der Wärmebedarf in Watt.

Hilfreich für die Jungpflanzenanzucht sind außerdem elektrische Heizplatten oder -matten, die dann beispielsweise unter den Aussaatschalen oder den Pflanzenschalen mit den pikierten Jungpflanzen liegen.

Damit man nicht das ganze Gewächshaus so hoch heizen muss, wie es für die Aussaat und Jungpflanzenanzucht zu empfehlen ist, kann man auch einen elektrisch beheizten Anzuchtkasten in einem mäßig beheizten Gewächshaus aufstellen.

Wärme und Licht müssen zusammenpassen: Wer heizt, der braucht in der dunklen Jahreszeit auch eine Pflanzenbelichtung – mehr dazu im Kapitel Anbauwissen.

Auf jeden Fall ist für ein Gewächshaus, das ganzjährig genutzt wird, ein Stromanschluss zu empfehlen. Wegen der kurzen Tage wird man vermutlich ein Arbeitslicht benötigen, selbst wenn man auf die Pflanzenbelichtung verzichten will.

Wasser- und Kanalanschluss, Regenfass

Kalthäuser für den Gemüse- und Kräuteranbau benötigen nicht unbedingt einen eigenen Wasseranschluss, wenn sie im Sommer und in der Übergangszeit mit einem Gartenschlauch zu erreichen sind.

Anders sieht es bei einem Gewächshaus aus, das für die Jungpflanzenanzucht genutzt und daher geheizt wird. In diesem Fall ist ein Wasseranschluss zu empfehlen, der in frostfreier Tiefe von 80 bis 100 cm verlegt sein muss. Um den Pflanzen beim Gießen keinen Kälteschock zu versetzen, wird das Gießwasser zunächst in einen Wasserbehälter gefüllt, damit es Raumtemperatur annehmen kann, bevor man es benutzt.

Ein Kanalanschluss empfiehlt sich bei Tischkultur und betonierten Wegen, besonders wenn auch die Untertischflächen versiegelt sind. Wege, Tische und andere Flächen lassen sich dann sauber ausspritzen. Wasser- und Kanalanschluss sollten vor dem Gewächshauskauf oder -bau geplant werden.

Wasser sparen lässt sich, indem man Regenwasser vom Dach des Gewächshauses in einer Regenrinne auffängt und über ein Rohr in ein Regenfass am Gewächshaus leitet. Auffangflächen und Regenrinnen sollten möglichst nicht aus Kupfer gefertigt sein, da sich Kupferteilchen durch Regenwasser herauslösen können. Das kann auf Dauer zu einer Anreicherung im Boden und als Folge zu Pflanzenschäden führen. Auch verzinkte Rohre können in dieser Hinsicht problematisch sein. Geeignetere Materialien sind Edelstahl, Kunststoff und Aluminium. Vorhandene Auffangflächen und Regenrinnen können nachträglich mit einer Schutzfarbe versiegelt werden.

Regenwassersammeln reduziert die Wasserrechnung.

Energie sparen

Energie sparen kann man vor allem bei beheizten Gewächshäusern. Das ist umso bedeutsamer, je höher in den kalten Monaten geheizt werden soll. Wer Energie spart, senkt die Kosten für den Betrieb des Gewächshauses und tut etwas für Klima und Umwelt.

Einsparen von Anfang an

Energiesparen beginnt bei der Auswahl des Gewächshauses, seines Konstruktions- und Eindeckungsmaterials, der Wahl des Standortes, der richtigen Aufstellungsrichtung – wie in den vorherigen Kapiteln beschrieben. Es versteht sich von selbst, dass defekte Eindeckungselemente sofort ausgetauscht oder repariert werden müssen. Das gleiche gilt für undichte Fenster und Türen. Was man noch tun kann:

Das dem Sonnenlauf im Winter angepasste Dach des Erdgewächshauses lässt viel Licht ins Gewächshaus einfallen, das dort in Wärme umgewandelt und gespeichert wird.

Dämmung mit Luftpolsterfolie und Folien

Luftpolsterfolien (beispielsweise dreilagig und UV-stabilisiert) haben sich als zusätzliche Isolierung während der Wintermonate bewährt. Dabei kann die Luftpolsterfolie innen oder außen – beispielsweise mit speziellen Folienhaltern – an der Konstruktion angebracht werden.

Damit beim Öffnen der Tür im Winter weniger Wärme entweicht, kann man innen zusätzliche Vorhänge aus Folie anbringen. Hinweis: In Gewächshäusern mit Luftpolsterfolien-Eindeckungen liegt die Luftfeuchtigkeit höher als bei Glas- oder Einfachfolien-Eindeckungen. Bei frostfreiem Wetter muss für Frischluft gesorgt werden, damit die Pflanzen gesund bleiben.

Temperaturbereiche, Nachtabsenkung

Am höchsten muss die Temperatur während der Keimung sein, die Jungpflanzen kommen mit etwas weniger zurecht und erwachsene Pflanzen vieler Arten sind noch unempfindlicher. In einem Gewächshaus gibt es wärmere und kältere Plätze. Weil warme Luft aufsteigt, ist es unter dem Dach am wärmsten und am Boden am kältesten. Doch man kann in einem Gewächshaus auch mehrere Temperaturbereiche einrichten, beispielsweise indem man mittels Folienvorhängen Kabinen schafft: Die Kabine, die am höchsten geheizt werden soll, gehört in die Mitte. Eine andere Möglichkeit

Die nachträgliche Isolierung mit Luftpolsterfolie kann die Wärmeverluste um bis zu 30 % verringern.

Wird eine Innenschattierung nachts zugezogen, wirkt sie wie ein Energieschirm und verringert die Wärmeverluste über das Dach.

ist, ein Anzuchtbeet für die Jungpflanzenanzucht in ein mäßig beheiztes Gewächshaus zu stellen.

Viele Pflanzen vertragen oder bevorzugen nachts eine etwas tiefere Temperatur als tagsüber. Man kann also für die Nacht eine etwas niedrigere Temperatur einstellen.

Energieschirm, Strohabdeckung

Wenn man eine Trennschicht in etwas Abstand zum Dachgiebel im Gewächshaus einzieht, dann bleibt die warme Luft im unteren Bereich und es muss weniger Energie zum Heizen eingesetzt werden. Diese Trennschicht aus einem mehr oder weniger isolierenden Stoff nennt man auch Energieschirm. Wer eine Innenschattierung hat, der kann diese im Winter (nachts) zuziehen.

Auch Strohmatten – außen über das Gewächshaus gelegt – können den Wärmeverlust nachts etwas reduzieren.

Isolierung von Sockel und Fundament

Damit auch über den Boden keine Wärme verloren geht, kann man bis in frostfreie Tiefe innen und außen Styrodurplatten anbringen – nicht nur am Fundament, sondern innen auch beim Sockel. Bei jedem Gewächshaus, bei dem auf dem Tisch angebaut wird, kann man die Seitenwände innen bis zur Tischhöhe und zusätzlich auch die Nordseite so isolieren.

Energiesparende Gewächshäuser

Die staatlich geförderte Zukunftsinitiative „Niedrigenergiegewächshaus" (ZINEG, www.zineg.net) untersuchte von 2009 bis 2014 technische und kulturtechnische Möglichkeiten, mit denen das Heizen mit fossilen Brennstoffen bei der Pflanzenproduktion im Gewächshaus reduziert werden kann. Auch wenn die Untersuchungen für den Erwerbsgartenbau durchgeführt wurden, lassen sich manche Erkenntnisse beim Hobbygewächshaus anwenden.

In einem ZINEG-Projekt in Hannover wollte man feststellen, wie viel Energie mit Isoliermaßnahmen eingespart werden kann. Dafür brachte man ein bis drei Energieschirme übereinander in Gewächshäusern mit 20 mm dicker Isolierglas-Eindeckung (antireflexbeschichtet und mit Argonfüllung) an. Es gibt Energieschirme, die hauptsächlich tagsüber als Schattierung eingesetzt werden (Tagesschirm), und solche, die eher für den Winter geeignet sind und dann nachts aufgespannt werden, damit weniger Wärme nach außen verloren geht. Für Letzteres kann man auch Verdunklungsgewebe (eigentlich zur Tageslängenverkürzung) nutzen. In eisigen Nächten werden alle Energieschirme zugezogen. Die Messungen im ZINEG-Projekt ergaben bei Isolierglas mit drei Energieschirmen (Tagesschirm mit 20 % Schattierung als äußerer Schirm, Energieschirm mit 50 % Schattierung in der Mitte und Verdunkelung mit 100 % Schattierung als innerer Schirm) eine Einsparung nachts von 84 % gegenüber einem mit Einfachverglasung ausgestatteten Gewächshaus. Bei Einfachglas kann man schon mit nur einem Energieschirm nachts 40 % Wärmeenergie einsparen. Bei Isolierglas konnte allein mit dem Tagesschirm, wenn er nachts aufgespannt war, eine nächtliche Energieeinsparung von fast 30 % gemessen werden.

In einem anderen ZINEG-Projekt (München und Neustadt a. d. Weinstraße) wurden gemüsebaulich genutzte Doppelfolien-Gewächshäuser mit und ohne UV-Durchlässigkeit der Folie in Kombination mit einer unterschiedlichen Anzahl an Energieschirmen getestet. Das beste Ergebnis hinsichtlich Ertrag und Energieeinsparung hatte das Gewächshaus mit einer UV-durchlässigen Doppelfolien-Eindeckung (F-Clean) mit zwei

Energieschirmen. Die lichtdurchlässige F-Clean-Folie begünstigte den Zuwachs im Vergleich zur weniger lichtdurchlässigen PE-Folie. Noch werden keine Fertig-Kleingewächshäuser mit F-Clean-Doppelfolien-Eindeckung angeboten, doch die Folie ist im Handel (siehe Serviceteil). Auch Energieschirme beziehungsweise Schattieranlagen gibt es im Handel bisher überwiegend für Wintergärten und einige hochpreisige Gewächshäuser. Bei langlebigen Gewächshäusern, die beheizt werden, kann sich aber der nachträgliche Einbau von Schattieranlagen beziehungsweise Energieschirmanlagen lohnen.

In einem ZINEG-Projekt in Osnabrück hat man Wärmeschutzglas auf seine Eignung für den Pflanzenanbau getestet und für gut befunden. Erste Kleingewächshaushersteller bieten es auch bereits in ihrem hochpreisigen Segment an.
In eine ganz andere Richtung ging das ZINEG-Projekt „Geschlossene Betriebsweise mit Nutzung solarer Überschussenergie“ in Berlin. Dort wurde untersucht, wie man das Gewächshaus während der Gemüseproduktion auch zur Energiegewinnung nutzen kann, sozusagen als Kollektorgewächshaus. Statt zu lüften, entzog man der Luft unter dem Dach die gespeicherte Wärme. Dazu ließ man sie an Rippenrohrkühlflächen kondensieren und führte diese Wärme mittels Wärmepumpe (Wasser-Wasser-Wärmepumpe) zu einem isolierten Regenwassertank, wo sie gespeichert wurde. Von März bis November konnten das Kollektorgewächshaus und das Vergleichsgewächshaus darüber autark versorgt werden. Die Tomaten im Kollektorhaus brachten sogar einen höheren Ertrag und enthielten mehr gesundheitsförderndes Lycopin. Leider erfordert diese Ausstattung hohe Investitionskosten für die Wärmepumpe.

Es gab aber auch schon vor ZINEG viele Versuche, Gewächshäuser möglichst ohne Einsatz von fossiler Energie zu nutzen – vor allem in der ökologischen Bewegung und „Selbstversorger-Szene“. Man versuchte, Gewächshäuser so zu bauen, auszustatten und zu nutzen, dass Energie nur über Sonneneinstrahlung zugeführt wird oder über natürliche Prozesse im Gewächshaus entsteht, zum Beispiel Rottewärme von Kompost. Dazu gehören auch die bereits vorgestellten passivsolaren Gewächshäuser.

Häufig gestellte Fragen

Wie groß soll ein Kleingewächshaus mindestens sein?

In einem frei stehenden Gemüsegewächshaus im Garten sollte man sich mit dem Werkzeug, beispielsweise der Grabgabel oder der Unkrauthacke, frei bewegen können. Dafür muss die Grundfläche mindestens eine Größe von etwa 3 x 4 m haben und das Gewächshaus mindestens 2 m hoch sein.

Sind preisgünstige Gewächshäuser schlecht?

Für den Anbau von Gemüse und Kräutern eignen sich auch einfache preisgünstige Gewächshäuser, beispielsweise ein einfaches Foliengewächshaus. Allerdings kann ein solches Foliengewächshaus auf einem Rahmen mit Erdankern die Wärme nicht so gut speichern, wie es ein hochwertiges Gewächshaus mit isolierender Konstruktion und Eindeckung auf einem isolierten Ringfundament kann. Daher sind die Nutzungsmöglichkeiten und der Gartenjahr-Verlängerungseffekt geringer. Worauf man aber grundsätzlich bei der Anschaffung eines Gewächshauses achten sollte, sind ausreichende Lüftungsöffnungen. Große Türen – am besten vorn und hinten – und viel Fensterfläche sind zu empfehlen, denn Gemüse braucht im Sommer frische Luft. Hier hapert es oft bei den Sonderangeboten.

Braucht man für ein Gewächshaus eine Genehmigung?

Das Bauordnungsrecht ist Sache des jeweiligen Bundeslandes. Eine zuverlässige Auskunft, ob man an einem Standort eine Genehmigung braucht, erhält man beim örtlichen Stadtbauamt, Bauamt des Landratsamts, Servicezentrum des Referats für Stadtplanung und Bauordnung oder ähnlichen Einrichtungen vor Ort. Als Kleingärtner in einer Gartenanlage muss man sich auch nach der Satzung des Vereins richten, als Eigentümer in einer Hausgemeinschaft benötigt man die Zustimmung der Eigentümerversammlung. Grundsätzlich müssen Baulinien und Grenzabstände eingehalten werden und man darf dem Denkmalschutz nicht zuwiderhandeln.

Braucht ein Gewächshaus ein Fundament?

Das Fundament und die Befestigung daran sind ausschlaggebend für die Standfestigkeit und die Sturmsicherheit. Viele Gewächshäuser kommen mit einem Rahmenfundament, bestehend aus einem Metallrahmen mit ein paar Verankerungsbeinen, aus. Je nach Untergrund, Gewächshaus, Windlage etc. ist das aber nicht ausreichend. Die Beine sollten wenigstens mit einem Punktfundament aus Beton sicher verankert werden. Andere Gewächshäuser sind so konstruiert, dass sie entweder auf einen festen Bodenbelag (auf Beton, Plattenuntergrund) oder auf ein Streifenfundament aus Beton oder gefüllten Betonsteinen gesetzt werden müssen.

Aluminium- oder Holz-Konstruktion?

Holz ist ein natürliches Konstruktionsmaterial und verbreitet ein Flair von Natürlichkeit. Aus Umwelt- und Klimaschutzgründen sind Hölzer aus nachhaltigem Anbau am besten aus der Region oder zumindest aus Europa zu bevorzugen. Allerdings reagiert Holz auf Nässe und Temperaturschwankungen und der Pflegeaufwand ist höher als bei witterungsbeständigem Aluminium. Aluminium ist dagegen fast unendlich haltbar.

Glas- oder Stegdoppelplatten-Eindeckung?

Es gibt Qualitätsunterschiede sowohl beim Glas als auch bei Hohlkammerplatten, beispielsweise Stegdoppelplatten. Normales Glas hat den Nachteil, dass es sehr leicht bricht – die zerbrochenen Scheiben sind nach einem Hagelschlag wegen der hohen Verletzungsgefahr schwierig zu entfernen. Es gibt aber auch Sicherheitsglas, das wesentlich stabiler als normales Glas ist. Und sollte Sicherheitsglas doch zerstört werden, dann bricht es in kleine Krümel.

Hohlkammerplatten isolieren allerdings in der Regel besser als einfaches Glas – je mehr Luft eingeschlossen ist, desto besser ist die Isolierung. Natürlich gibt es auch Doppelglas und Isolierglas, die auch gut Wärme dämmen, aber sie sind teuer und für manche Gewächshauskonstruktionen zu schwer. Empfehlenswert für die, die lieber Glas verwenden möchten, ist es, bruchsicheres Glas zu wählen und es im Winter von außen mit Luftpolsterfolie zu isolieren. Optisch am schönsten, weil man den besten Durchblick hat, sind Glas und Stegdoppelplatten aus Acrylat/Plexiglas. Beide sind auch sehr lichtdurchlässig und verfärben sich nicht oder kaum im Laufe der Jahre – im Gegensatz zu den meisten Hohlkammerplatten aus Polykarbonat.

Wieso brauche ich eine Schattierung?

Während man im Herbst und Winter jeden Sonnenstrahl einfangen möchte, kann es im Sommer im Gewächshaus schnell zu heiß werden, denn die Sonnenstrahlen werden im Gewächshaus in Wärme umgewandelt. Mit einer Schattierung zusätzlich zu der Lüftung über Fenster und Türen kann man die Wärme reduzieren und empfindliche Pflanzen (beispielsweise nach der Pflanzung) vor zu starker Einstrahlung schützen. Im Winter kann das Zuziehen der Schattierung während der Nacht den Wärmeverlust über das Dach verringern.

Wie wichtig sind automatische Fensteröffner?

Lüften ist nicht nur sehr wichtig für die Temperaturregelung, damit das Gemüse im Sommer nicht schon im Gewächshaus gekocht wird. Es sorgt auch für die nötige Frischluftzufuhr und senkt die Luftfeuchtigkeit, was wiederum Taubildung und damit Pilzkrankheiten verhindert. Der automatische Fensteröffner reagiert unmittelbar auf Temperaturänderungen und öffnet oder schließt das Fenster automatisch nach Bedarf – besser als ein Mensch es könnte. Wer kann schon den ganzen Tag mit dem Thermometer im Gewächshaus stehen?

Sind Erdgewächshäuser oder Gewächshäuser mit einer hohen Seitenwand energiesparender?

Im Prinzip ja, aber sie eignen sich nur für niedrige Gemüsesorten und Kräuter sowie für die Jungpflanzenanzucht auf Tischen oder Hochbeeten. Für Gemüsesorten, die wegen ihrer Höhe nicht auf einem Tisch angebaut werden können (Stabtomaten, Gewächshausgurken und ähnliche), sind Erdgewächshäuser und Gewächshäuser mit hoher Seitenwand wenig geeignet.

Gemüse und Kräuter, die keine hohe Luftfeuchtigkeit benötigen und in einem Topf oder Kübel gedeihen, kann man auch im Wintergarten aufstellen.

Wofür braucht man Regenrinnen und Fallrohre am Gewächshaus?

Das Regenauffangen am Dach spart einerseits Wasser, weil man dann Regenwasser zum Gießen hat, und hält andererseits das Gewächshaus sauberer, was die Lichtdurchlässigkeit verbessern kann.

Kann man im Wintergarten Gemüse anbauen?

Während man im Gewächshaus die Wachstumsbedingungen für Pflanzen optimieren kann, sind Wintergärten Räume für Menschen. Für Wintergärten gibt es daher auch andere Vorschriften, sie sind beispielsweise baugenehmigungspflichtig. Viele Gemüse und Kräuter, die in Töpfen, Blumenkästen oder Kübeln gedeihen, können das auch im Wintergarten – wenn Licht, Temperatur und Luftfeuchtigkeit des Wintergartens für sie geeignet sind.

Anbauwissen

Wenn man weiß, wie die Wachstumsfaktoren zusammenwirken und wie man sie im Gewächshaus beeinflussen kann, braucht man nur noch ein wenig Beobachtungsgabe und die Bereitschaft, aus Erfahrung zu lernen. Fertig ist der Gärtner mit dem grünen Daumen!

Temperatur, Licht, Luft und Boden

Pflanzen sind an das Klima ihres jeweiligen Heimatstandortes angepasst. Daraus ergeben sich ihre Ansprüche an Temperatur, Licht, Luft und Boden während der verschiedenen Lebensphasen, die auch bei der Pflanzenkultur erfüllt werden müssen.

Temperatur

Die Lebensvorgänge von Pflanzen wie Wachstum, Fotosynthese und Atmung sind temperaturabhängig. Beim Unterschreiten ihres Temperaturminimums stirbt eine Pflanze, unterhalb des Wachstumsminimums wächst sie nicht, im Optimalbereich gedeiht sie prächtig, oberhalb des Wachstumsmaximums stellt sie ihr Wachstum ein und oberhalb des Temperaturmaximums stirbt sie ab.

Diese Grenztemperaturen sind von Pflanzenart zu Pflanzenart verschieden. Dazu variieren sie auch je nach Alter und Entwicklungsstadium der Pflanze, nach Abhärtungsgrad und der jahreszeitlichen Erscheinungsform. Aber auch die anderen Wachstumsfaktoren, wie die Lichtintensität und der

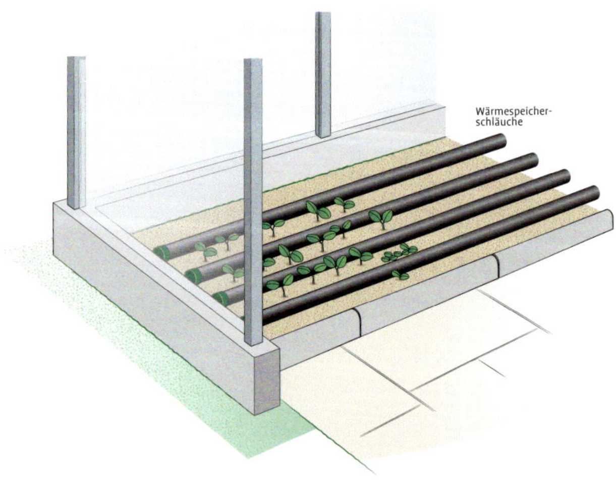

Sonneneinstrahlung erwärmt das Wasser in den schwarzen Wärmespeicherschläuchen. Diese Wärme wird nachts an die Umgebung abgegeben.

Kohlendioxidgehalt der Luft, verändern diese Temperaturgrößen. Aus diesem Grunde sollte man die einzelnen Wachstumsfaktoren im Zusammenhang betrachten. Für die meisten Pflanzen gilt: Je höher die Temperatur, desto mehr Licht benötigt die Pflanze für ein gesundes Wachstum. Können keine optimalen Lichtverhältnisse geschaffen werden, so sollten auch die Temperaturen eher tiefer sein.
Aus diesem Grundsatz ergibt sich, dass die optimale Gewächshaustemperatur an trüben Tagen etwas niedriger liegt als an sonnigen Tagen. Auch eine Temperaturabsenkung um einige Grade während der Nachtstunden wirkt sich auf das Pflanzenwachstum günstig aus.

Zur Keimung benötigen Pflanzen in der Regel eine höhere Temperatur als in ihrer Jugendphase oder dann später im „Erwachsenenalter". Auch die Blütenbildung kann temperaturabhängig sein. Manche Pflanzenarten werden durch hohe, andere durch niedrige Temperaturen zur Blütenbildung angeregt.

Je nach Temperatureinstellung beziehungsweise Auslegung der Heizung für den Winter eignet sich das Kleingewächshaus für unterschiedliche Pflanzen und Nutzungsarten: Für den Anbau von Gemüse und Kräutern reicht ein ungeheiztes oder ein gerade frostfreies Gewächshaus – vor allem, wenn man es nur von März bis November nutzt.

Für die Jungpflanzenanzucht ab Spätwinter braucht man ein Gewächshaus, dessen Temperatur – zumindest im Anzuchtbereich – nicht unter 15 °C fällt.

Im Sommer erwärmt sich das Gewächshaus häufig zu stark. Überschüssige Wärme wird durch Lüften entfernt und, falls das nicht reicht, durch

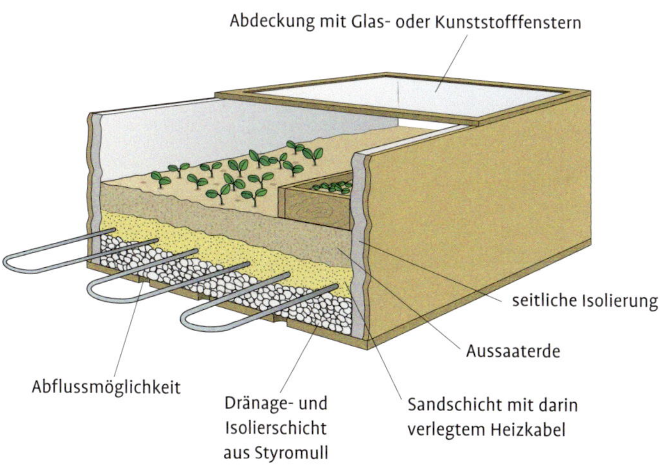

Ein Vermehrungsbeet mit Heizkabeln zum Aufbau auf einem Kulturtisch im Gewächshaus.

Schattierung und notfalls sogar über Verdunstungskälte reduziert. Man sollte sich bei der Temperierung nicht nur auf sein Gefühl verlassen, sondern die Temperatur im schattigen Pflanzenbereich messen.

Licht

Wie an die Temperatur, so haben sich die Pflanzen auch an die Lichtverhältnisse ihres Heimatstandortes angepasst.

Die Beleuchtungsstärke wird in Lux (lx) gemessen. Zur Messung gibt es spezielle Messgeräte, Luxmeter genannt. Im Freien wird bei voller Sonneneinstrahlung im Sommer während der Mittagsstunden in unseren Breiten eine Beleuchtungsstärke von bis zu 100 000 Lux erreicht, bei bedecktem Himmel nur etwa 10 000 bis 30 000 Lux.

Je nach Art, Alter und Verschmutzung der Gewächshauseindeckung dringen 40 bis 94 % des natürlichen Lichtes bis zu den Pflanzen im Gewächshaus vor. Das kann für eine Schattenpflanze an einem sonnigen Tag ohne Schattierung zu viel sein und für eine Lichtpflanze an einem trüben Tag zu wenig.

Gemüse für lichtarme Plätze

Bei Messungen der Beleuchtungsstärke stellt man fest, wie unterschiedlich die Lichtverteilung im Kleingewächshaus ist und wie sie sich im Laufe des Tages und des Jahres verändert.

Diese Gemüse und Kräuter vertragen lichtärmere Plätze im Gewächshaus:

- *Blattsalate, Asia-Salate, Feldsalat*
- *Spinat, Mangold*
- *Bohnen und Erbsen*
- *Kohlrabi, Grünkohl*
- *Löffelkraut, Rucola, Gartenkresse*
- *Sauerampfer, Rübstiel*

Die meisten Gemüse und Kräuter sind sehr lichthungrig, schattiert werden sie höchstens im Sommer, um die Temperatur nicht zu hoch klettern zu lassen. Aussaaten oder frisch pikierte Pflänzchen sind bei starker Einstrahlung für eine vorübergehende Schattierung dankbar. Sobald sie jedoch gekeimt beziehungsweise angewachsen sind, benötigen sie unbedingt viel Licht (und Standweite), damit sie kräftig und gedrungen wachsen.

Tomaten benötigen viel Licht, weswegen sie bei uns in der lichtreichen Jahreszeit angebaut werden. Das Bild zeigt Früchte der samenechten Sorte 'Tigerella'.

Licht und Pflanzenwachstum

Pflanzen wandeln in ihren Blättern mithilfe des Sonnenlichtes Kohlendioxid und Wasser in energiereiche Kohlenhydrate um. Das Kohlendioxid erhalten sie aus der Luft, das Wasser über die Wurzeln aus dem Boden. Dieser Umwandlungsprozess durch die Pflanzen wird Fotosynthese oder Assimilation genannt. Die Pflanzen verwerten dazu hauptsächlich einfallendes Licht im roten (600 bis 700 Nanometer) und im blauen (400 bis 500 Nanometer) Spektralbereich. Was das menschliche Auge als Sonnenlicht wahrnimmt, sind Strahlen mit einer Wellenlänge von 380 bis 750 Nanometer. Darin sind alle für die Assimilation wichtigen Wellenlängen enthalten. Die bei der Fotosynthese produzierten Kohlenhydrate liefern die notwendige Energie für die Lebensvorgänge der Pflanzen. Sie werden zum Teil auch in Reserven umgewandelt und/oder für den Aufbau von Eiweißbausteinen verwendet.

Außer über die Fotosynthese wirkt das Licht auch direkt auf Wachstum und Organbildung. Wird eine Pflanze mit hohem Lichtanspruch bei sonst günstigen Kulturbedingungen zu dunkel gehalten, so bildet sie blasse, lange, blattarme Triebe (Vergeilung). Wird eine Schattenpflanze Starklicht oder praller Sonne ausgesetzt, so „verbrennt“ sie.

Licht und Keimung

Bei manchen Pflanzenarten wird die Keimung der Samen durch Licht beeinflusst. Dunkelkeimer wie Amarant oder Kürbis keimen nur, wenn sie bei der Aussaat ausreichend vor Lichteinfall geschützt sind. Lichtkeimer wie Basilikum keimen, wenn sie im gequollenen Zustand Licht im hellroten Spektralbereich (660 nm) ausgesetzt werden.

Tageslänge und Blütenbildung

Die Tageslänge hat bei manchen Pflanzen Einfluss auf die Blütenbildung: Langtagpflanzen blühen, wenn eine bestimmte „kritische“ Tageslänge überschritten wird. Je nach Pflanzenart und Anbauzweck ist dies erwünscht oder unerwünscht. Spinat beispielsweise ist eine Langtagpflanze, die beim Sommeranbau in die, in diesem Fall unerwünschte Blüte gehen würde; inzwischen wurden jedoch Sommersorten gezüchtet, die dieses Verhalten nicht mehr haben. Die Angaben auf den Samenpackungen, ob eine Sorte für den Frühjahrs-, Sommer- oder Herbstanbau geeignet ist, sollte immer beachtet werden!

Kurztagpflanzen wie die Sojabohne blühen, wenn eine bestimmte „kritische" Tageslänge unterschritten wird. Sie werden durch die langen Nächte im Winter zur Blütenbildung angeregt. Dieser Vorgang kann jedoch manchmal schon durch eine benachbarte Straßenlaterne oder durch vorbeifahrende Autolichter gestört werden.

Die Tages- und Nachtlänge können außerdem den Beginn und das Ende von Ruheperioden, die Wachstumsrate, die Stecklingsbewurzelung, die Blattgestalt, die Bildung von Speicherorganen, den Blattfall sowie die Frostresistenz beeinflussen.

Diese Zusammenhänge sind weitaus komplizierter, als hier dargestellt, da der Faktor Licht auch immer im Zusammenhang mit der Temperatur gesehen werden muss. Außerdem gibt es auch Kurzlangtagpflanzen und Langkurztagpflanzen, bei denen Perioden unterschiedlicher Tageslängen in bestimmter Reihenfolge aufeinanderfolgen müssen.

Luft

Tagsüber nehmen Pflanzen über die Spaltöffnungen der Blätter Kohlendioxid aus der Umgebungsluft auf und verarbeiten es bei der Fotosynthese (Assimilation) mithilfe der Sonnenenergie zu Kohlenhydraten. Dabei wird Sauerstoff frei, der die Pflanzen über die Spaltöffnungen wieder verlässt, falls sie ihn nicht zur Atmung benötigen.

Die Lebensvorgänge in der Pflanze brauchen Energie. Sie wird über die Atmung gewonnen. Dies ist der Umkehrvorgang zur Assimilation. Die Pflanzen verbrauchen Sauerstoff aus der Umgebungsluft und geben Koh-

Taubildung

Luft kann beträchtliche Mengen Wasser in Form von Wasserdampf aufnehmen. Je wärmer die Luft ist, desto mehr Wasserdampf kann sie mengenmäßig halten. Bei 100% Luftfeuchte bei 10 °C ist weniger Wasserdampf in der Luft als bei 30 °C. Sinkt die Temperatur plötzlich ab, dann kann die Luft die hohe Wasserdampfmenge nicht mehr halten und es bildet sich Tau. Taubildung vermeidet man im Gewächshaus durch Lüften (und Heizen).

Warum zu viel Wasser im Boden schadet

Luft ist nicht nur oberirdisch, sondern auch im Boden von großer Bedeutung. Sie beeinflusst die Aktivität des Bodenlebens und liefert den Sauerstoff für die Wurzelatmung. Die Versorgung des Wurzelbereiches mit Luft ist zunächst von der Bodenstruktur abhängig. Überreiche Wassergaben verdrängen die Luft im Boden und schädigen die Wurzeln. Das Schadbild ist oft ähnlich dem Verwelken bei Wassermangel, da die Wurzeln ihre Aufgaben nicht mehr erfüllen können.

lendioxid sowie Energie frei. Am Tage überwiegt die Fotosynthese, damit die Kohlendioxideinbindung und somit die Speicherung der aufgenommenen Lichtenergie. Nachts ohne Licht kann die Pflanze nicht assimilieren und verbraucht Kohlenhydratenergie zur Aufrechterhaltung ihrer Lebensvorgänge.

Je höher die Temperatur, desto stärker sind die Veratmungsvorgänge. Aus diesem Grund ist für die meisten Pflanzen eine etwas niedrigere Nachttemperatur im Vergleich zur Tagestemperatur günstiger. So baut die Pflanze tagsüber auf und nachts verbraucht sie weniger von ihrer Substanz.

Im dicht geschlossenen Gewächshaus kann der Kohlendioxidwert durch den Verbrauch der Pflanzen deutlich absinken. Er kann durch Lüften und durch Umsetzungsvorgänge im Boden, besonders bei organischer Düngung und einem aktiven Bodenleben, wieder erhöht werden. Auch Propangasheizungen mit vollständiger Verbrennung durch Katalysatorbrenner, deren „Abgase“ im Gewächshaus verbleiben können, erhöhen den Kohlendioxidgehalt der Luft. Pflanzen können Kohlendioxid jedoch nur bei ausreichender Lichtintensität nutzen. Die Kohlendioxidkonzentration sollte 0,1 Volumenprozent nicht zu weit übersteigen, da sonst Pflanzenschäden auftreten können.

Im Sommer steigt die Temperatur im Gewächshaus schon in den frühen Morgenstunden. Automatische, stromlose Fensteröffner sind eine große Arbeitserleichterung.

Boden

Die Bodenfruchtbarkeit wird durch die Bodenstruktur, den Humusgehalt, das aktive Bodenleben, den pH-Wert und anderes beeinflusst. Diese Faktoren bestimmen die Durchwurzelbarkeit, das Luft- und Wasserhaltevermögen sowie den Nährstoffnachschub.

Die Krümeligkeit sowie die Korngrößenverteilung und die Anzahl der Poren im Boden sind ausschlaggebend für das Wasser- und Lufthaltevermögen sowie

für die Durchwurzelbarkeit des Bodens. Große Poren ermöglichen den Luftaustausch zwischen Boden und Umgebungsluft – sie überwiegen bei Sandböden. Sehr kleine Poren speichern Wasser – sie überwiegen bei Tonböden. Wichtig ist, dass alle Porengrößen in einem günstigen Verhältnis zueinander vorhanden sind – das sind sie bei Lehmböden.

Der pH-Wert gibt Aufschluss über die Bodenreaktion. Die meisten Kulturpflanzen bevorzugen einen schwach sauren Boden mit pH-Werten zwischen 6 und 7. Liegt der pH-Wert unter 7, spricht man von einer sauren Bodenreaktion, liegt er über 7, ist die Bodenreaktion alkalisch. Da Kalk Säuren bindet, verändert er den pH-Wert in Richtung alkalischer Bereich.

Gewächshausgurken mögen einen krümeligen, durchlässigen und humusreichen Boden.

Bodenbearbeitung

Durch Bodenbearbeitung wie Umgraben, Krailen und Hacken wird die oberste Bodenschicht gelockert. Außer bei schwerem Tonboden muss diese Lockerung nicht tiefer als 30 cm gehen. Dazu eignet sich ein „Sauzahn" (sichelförmig gebogener Zinken) oder die Grabgabel – ohne den Boden zu wenden, damit die Bodenorganismen der verschiedenen Schichten nicht gestört werden.

Die rein mechanische Veränderung der Bodenstruktur geht nach einigen Gießvorgängen wieder verloren. Nur das regelmäßige Einbringen von organischer Substanz bewirkt über die Förderung des Bodenlebens und den Eintrag von Humus eine langfristige Bodenverbesserung.

Torf bringt zwar Luft in schwere Böden und verbessert das Nährstoff- und Wasserhaltevermögen bei leichten Böden. Er ist allerdings nährstoffarm, hat eine saure Bodenreaktion und wirkt auch nicht sehr lange. Dazu kommt, dass der industrielle Torfabbau aus Sicht des Umwelt- und Klimaschutzes kritisch beurteilt wird.

Langfristig erhält man sowohl im Garten als auch im Gewächshausboden eine stabile Krümelstruktur durch den Eintrag von Gartenkompost. Dabei muss jedoch dessen Nährstoffgehalt berücksichtigt werden.

Das „Bodenleben" lebt von den eingebrachten organischen Substanzen, zerkleinert sie und schafft im Boden eine stabile Krümelstruktur durch die Lebendverbauung von organischen und anorganischen Substanzen, wobei

Nährstoffe und Kohlendioxid für die Pflanzen verfügbar werden. Die Krümel verbessern die Luftführung, das Wasserhaltevermögen und die Nährstoffspeicherkapazität. Vom Regenwurm bis zur winzigen Bakterie sind viele Bodenlebewesen an diesem Um- und Abbau beteiligt und erfüllen damit eine wichtige Aufgabe.

Damit der Boden beim Krailen, Hacken und anderen Arbeiten nicht verdichtet wird, sondern locker bleibt, führt man diese Arbeiten am besten von einem Weg aus durch. Hat man (noch) keine Wegplatten o. Ä. verlegt, kann man sich auf einen Holzrost stellen. So bleiben nicht nur die Schuhe sauber, sondern das Körpergewicht wird auf eine größere Fläche verteilt.

Mit der richtigen Bodenbearbeitung, regelmäßigen Kompostgaben sowie Gründüngung bleiben die Krümeligkeit und die Bodenfruchtbarkeit erhalten.

Düngen und Bewässern

Nährstoffe und Wasser sind lebenswichtige Bausteine, die die Pflanze über die Wurzeln aufnimmt. Ihre Menge und Konzentration müssen so bemessen sein, dass die Wurzeln und das Bodenleben gut arbeiten können.

Düngung

Mit der Düngung ernährt man nicht nur die Pflanzen, sondern pflegt auch den Boden – jedenfalls, wenn man sich auf die Kompostwirtschaft, organische Dünger und ökologische Taktiken wie Gründüngung und Mischkultur besinnt.

Ein Komposthaufen verwandelt die Gartenabfälle in einen wertvollen Bodenverbesserer und Dünger.

Kompostwirtschaft – ein nachhaltiger Rohstoffkreislauf

Kompost ist das Gold des Gärtners. Dabei entsteht er fast von allein durch den Fleiß vieler kleiner Tiere und Mikroorganismen, wenn man Garten- und Gemüseabfälle sammelt, sie miteinander vermischt und dann verrotten lässt. Der fertige Kompost wird im Garten und im Gewächshaus als Bodenverbesserer und Dünger ausgebracht oder für eigene Pflanzerdemischungen verwendet. 3 l Kompost enthalten etwa 16 g Stickstoff (N), 11 g Phosphat (P2O5) und 12 g Kaliumoxid (K2O) sowie Magnesium (MgO), Calcium (CaO), Schwefel, Spurenelemente und nützliche Mineralstoffe (Quelle: Leitfaden zur Kompostierung im Garten, siehe Serviceteil).

Bei Gemüse reichen 1 bis 3 l/m² reifer Kompost als Grunddüngung vor jeder Gemüsekultur. Gartenabfälle und halb garer Kompost lassen sich alternativ auch gut in einem Hochbeet oder Hügelbeet verstecken, bis sie verrottet sind.

Hochbeet im Gewächshaus

Ein Hochbeet ist im Grunde ein verkleideter Komposthaufen. Die Schichtung von unten nach oben – je 25 bis 30 cm dick, nachdem man die obersten 25 bis 30 cm Erde abgehoben hat, – sieht so aus:

- *Gehölzschnitt, gut festtreten*
- *Staudenrückschnitt, Grassoden, feiner Gehölzschnitt, Gestrüpp*
- *Halb garer Kompost*
- *Humusschicht, die man vorher abgetragen hatte*

Nun kann das Hochbeet im Gewächshaus bepflanzt werden.
Tipp: Wenn der alte Boden belastet, versalzen oder aus anderen Gründen nicht für den Gemüseanbau geeignet ist, kann man als oberste Humusschicht statt des alten Bodens gute Gartenerde aus einem anderen Teil des Gartens oder gekaufte Pflanzerde, beispielsweise torffreie oder torfreduzierte Bioerde, verwenden.

Terra Preta

Die Indios Amazoniens haben vor Jahrtausenden ein Verfahren entwickelt, aus Holz- und Pflanzenkohle, Exkrementen, Knochen, Gräten und Kompost eine fruchtbare, dunkle Erde für ihre Waldgärten herzustellen. Weil die Terra Preta durch ihre Nährstoffspeicherfähigkeit die Bodenfruchtbarkeit von sonst armen Böden erhöht, ist man auch bei uns auf sie aufmerksam geworden. Original Terra Preta aus Südamerika darf nicht exportiert werden. Bei uns im Handel ist Terra Preta meist ein Bodenverbesserungsgemisch aus organischem Material mit Pflanzenkohle- und Mikroorganismenzugaben. Im Internet findet man Anleitungen zur eigenen Herstellung. Allerdings ziehen viele nach einer Erprobung das Fazit, dass die Terra Preta kein Wundermittel ist und dass man auf unseren Böden mit regelmäßiger Kompostausbringung ähnliche Effekte erzielt (siehe auch Serviceteil).

Fruchtfolge, Kulturfolge

Beim Gemüseanbau achtet man darauf, dass die Gemüsearten nicht jedes Jahr an derselben Stelle stehen. Sowohl innerhalb eines Jahres (Kulturfolge) als auch von Jahr zu Jahr (Fruchtfolge) wechselt man zwischen Gemüsen unterschiedlicher Pflanzenfamilien. So können sich bodenbürtige Krankheiten und Schädlinge, die innerhalb einer Pflanzenfamilie auftreten, nicht ausbreiten.

Eine Kulturfolge innerhalb eines Jahres unterteilt man in Vor-, Haupt- und Nachfrucht. Die Hauptfrucht ist die lange stehende Sommerkultur, wie Auberginen, Gurken, Paprika, Tomaten, Melonen, Peperoni und Bohnen. Als Vor- und Nachfrucht eignen sich Frühjahrs- und Herbstgemüse.

Damit die Hauptkulturen nicht jedes Jahr auf dem gleichen Fleck stehen, kann man das Gewächshaus in mehrere Parzellen unterteilen, über die man die Hauptkulturen von Jahr zu Jahr „wandern" lässt.

Mischkultur

Statt eine Fläche mit nur einer Gemüseart zu bebauen, mischt man verschiedene Gemüsearten und eventuell Kräuter und Sommerblumen auf einem Beet – beispielsweise im Frühjahr Salat mit Radieschen oder Möhren mit Zwiebeln. Der Vorteil der Mischkultur ist, dass sich Krankheiten und Schädlinge sowohl im Boden als auch an den Pflanzen nicht so leicht ausbreiten können. Die Zwischenpflanzen wirken wie eine Barriere: räumlich und durch ihre Ausdünstungen (Duftausscheidungen der Blätter, Wurzelausscheidungen in den Boden), die abwehrend wirken können.

Die Mischkultur kann man auf verschiedene Arten verwirklichen: Man kann reihenweise verschiedene Pflanzen setzen (1 Reihe Salat, 1 Reihe Zwiebeln), zusätzlich in einzelnen Reihen mischen, in kleinen Gruppen einer Art pflanzen oder bunt durcheinander Kräuter, Blumen und Gemüse mischen.

Manche der Mischkulturpflanzen werden als Helferpflanzen bezeichnet: So sollen Tagetes in Mischkultur mit Tomaten, Gurken, Kohl und Karotten abschreckend auf Nematoden, Möhrenfliegen und verschiedene Krankheiten wirken. Auch den Ringelblumen in Mischkultur mit Kohl, Bohnen oder Tomaten wird eine Wirkung gegen Nematoden und verschiedene Krankheiten nachgesagt. Lavendel, Salbei und Thymian sollen, wenn man Kohlgewächse damit einkreist, den Kohlweißling abschrecken und Basilikum Mehltau an Gurken von Gurken fernhalten.

Die Mischkultur wirkt sich oft auch positiv auf die Platzausnutzung aus, beispielsweise wenn man zwischen hochwachsenden Tomaten und Gurken niedrig wachsende Arten setzt, die entweder früher geerntet werden oder mit dem weniger werdenden Licht zurechtkommen.

Gründüngung, Untersaat/Unterpflanzung

Gründüngung bringt organische Substanz in den Boden und fördert damit das Bodenleben. Durch die Durchwurzelung wird der Boden gelockert. Die Bedeckung des Bodens verringert die Wasserverdunstung, was auch den Salztransport nach oben und so die Gefahr der Versalzung des Gewächshausbodens vermindert. Gründüngung bindet außerdem überschüssige Nährstoffe und verwandelt sie in Pflanzenmasse. Gründüngungspflanzen, wie auch Unkräuter, sollten daran gehindert werden, im Gewächshaus auszusamen. Sie werden vorher abgeschnitten, abgemäht oder aus der Erde

Beispiele für gute Nachbarn

Ab Frühjahr:

Möhren mit Steckzwiebeln, Radieschen, Rettich, Mangold oder Schnittlauch
Kopfsalat mit Steckzwiebeln, Radieschen, Kohlrabi oder Kresse
Erbsen mit Rettich, Kopfsalat, Fenchel, Dill oder Kohl
Radieschen mit Steckzwiebeln, Spinat, Mangold oder Kohlrabi

Ab Sommer bis Herbst:

Bohnen mit Möhren, Kohlrabi, Kopfsalat oder Rote Beete
Tomaten mit Kopfsalat, Pflücksalat, Radieschen oder Kapuzinerkresse
Gurken mit Kopfsalat, Fenchel, Dill oder Koriander
Zuckerhut mit Kopfsalat, Fenchel oder Radieschen
Möhren mit Zichorien, Porree oder Blumenkohl

Ab Spätsommer bis Herbst:

Spinat mit Radieschen, Rettich oder Kohlrabi
Feldsalat mit Radieschen oder Porree

gezogen. Frieren die Pflanzen im Winter ab, können sie als Mulchdecke auf der Erde liegen bleiben. Im Frühjahr oder vor der ersten Kultur recht man sie ab und gibt sie auf den Kompost.

Die Gründüngung muss in Fruchtwechsel und Kulturfolge mit einbezogen werden. Da Raps und Senf, wie viele Gemüse (Rettich, Radieschen, Kohl,

Der Bienenfreund (*Phacelia*) ist ein guter Bodenverbesserer. Er hat ein dichtes Wurzelsystem und hinterlässt viel organisches Material, dessen gespeicherte Nährstoffe die Folgekulturen verwerten.

Brokkoli etc.), zu den Kreuzblütlern gehören, sollte auf sie als Gründüngung im Gemüseanbau lieber ganz verzichtet werden.

Empfehlenswerte Gründüngungspflanzen sind beispielsweise Ackerbohne, Bienenfreund, Bitterlupine, Buchweizen, Dinkel, Feldsalat, Lein, Luzerne und Winterwicke.

Bei der Verwendung von Gründüngung muss man einkalkulieren, dass auch diese Pflanzen Nährstoffe und Wasser zum Leben benötigen.

Wann ist Gründüngung zu empfehlen?

Die Gewächshausfläche ist eine wertvolle Fläche, die man möglichst intensiv für den Anbau der Kulturpflanzen nutzen möchte. Dennoch kann die Einsaat von Gründüngungspflanzen sinnvoll und nützlich sein, wenn beispielsweise

- *der Boden vor der ersten Nutzung verbessert werden soll,*
- *im Frühjahr keine Gemüsejungpflanzen zur Verfügung stehen oder man keine Zeit für die Pflanzung hat,*
- *der Boden zwischen noch jungen Sommerkulturen wie Tomaten und Paprika mit einer Untersaat bedeckt werden soll (Untersaat/Unterpflanzung) oder*
- *wenn der Gewächshausboden ab Herbst nicht genutzt wird.*

Symptome bei falscher Ernährung

Symptome	Ursache	Bemerkungen
Altere Blätter aufgehellt, schlechtes Wachstum, blasses Aussehen	Stickstoffmangel	Ähnlich: Spinnmilbenbefall, Staunässe, Lichtmangel, Wurzeltrockenheit
Mastiger Wuchs, Einrollen der Blätter und Triebe, wenig Blütenbildung	Stickstoffüberschuss	Düngung einstellen, bei Bodenkultur eventuell Untersaat von Gründüngung
Schmutzig grüne bis violette Blattverfärbungen, Kümmerwuchs mit Starrtracht	Phosphormangel	Selten in Gartenböden
Blätter wirken schlaff, Absterbeerscheinungen vom Rand her	Kaliummangel	Selten in Gartenböden, nicht mit Welkekrankheiten verwechseln
Stippigkeit bei Äpfeln, Blütenendfäule an Tomaten, Absterben des Blattrandes bei Kopfsalat etc., Aufhellungen jüngerer Blätter	Kalziummangel	Meist ist genügend Kalzium im Boden, jedoch wegen Trockenheit oder zu viel Kalium und Stickstoff nicht verfügbar
Ältere Blätter werden gelb gesprenkelt, Blattadern bleiben grün	Magnesiummangel	
Jüngere Blätter werden gelb, Blattadern dunkler	Eisenmangel	Ursache ist oft zu kalkhaltiges Gießwasser oder/und zu hoher Kalkgehalt im Boden

Nährstoffe und Dünger

Die Hauptnährstoffe, die die Pflanze zum Aufbau ihrer Substanz benötigt, sind Stickstoff, Phosphor, Kalium, Kalzium, Magnesium und Schwefel. Die Spurennährstoffe Eisen, Mangan, Kupfer, Zink, Molybdän, Chlor und Bor werden in viel kleineren Mengen benötigt. Sie sind wie auch der Schwefel in der Regel in ausreichender Menge im Boden vorhanden. Die Spurenelemente sind jedoch je nach Bodenreaktion (gemessen als pH-Wert) unterschiedlich verfügbar. Außer Molybdän sind alle Spurenelemente bei einer sauren Bodenreaktion besser von den Pflanzen aufzunehmen und werden bei einer alkalischen Bodenreaktion in nicht mehr pflanzenverfügbarer Form festgelegt. Insbesondere Eisenmangel tritt bei zu hohen pH-Werten (alkalischer Boden) auf. Es darf also nur nach Bedarf gekalkt werden, will man die Spurenelemente nicht im Boden festlegen.

Gebräuchliche Dünger für den Gemüseanbau (Beispiele)

Nährstoff	Düngemittel	Nährstoffgehalt	Bemerkung
Stickstoff	Hornspäne/Hornmehl	10–14 %	Organisch
Kalium	Patentkali* (Kalimagnesia)	30 %	Mineralisch
Kalzium	Kohlensaurer Kalk*	50–85 %	Mineralisch
Feste Volldünger	Azet TomatenDünger (Neudorff)	7 % Stickstoff 3 % Phosphat 10 % Kaliumoxid	Organisch
	Azet Veggie Dünger (Neudorff)	5 % Stickstoff 3 % Phosphat 6 % Kaliumoxid	Rein pflanzlich, mit Mykorrhiza und anderen Mikroorganismen
	Hauert Hornoska Spezial	8 % Stickstoff 3 % Phosphat 10 % Kaliumoxid 3 % Magnesium	Organisch-mineralisch, günstiges Nährstoffverhältnis
	Engelharts Gemüsedünger Sti-p-Ka	7 % Stickstoff 4 % Phosphat 8 % Kaliumoxid	Organisch
Flüssige Mehrnährstoffdünger	Cuxin Bio Flüssigdünger*	6 % Stickstoff 0 % Phosphat 3 % Kaliumoxid	Organisch-mineralisch
	Naturrein Obst- und Gemüsedünger*	2,25 % Stickstoff 0,9 % Phosphat 4 % Kaliumoxid	Organisch-mineralisch
	Flüssige Mehrnährstoffdünger	3 % Stickstoff 0 % Phosphat 5 % Kaliumoxid	Organisch-mineralisch

***Mineralisch aus natürlicher Quelle, im Ökolandbau zugelassen**

Organische Dünger müssen zuerst durch das Bodenleben aufgeschlossen werden. Sie fördern somit dessen Aktivität und bewirken indirekt eine Verbesserung der Bodeneigenschaften. Künstlich hergestellte mineralische Dünger verbrauchen bei ihrer Herstellung oft viel Energie und haben selten bodenverbessernde Eigenschaften. Organische Dünger in fester Form wirken jedoch langsam beziehungsweise stark temperatur- und feuchtigkeitsabhängig.

Bewässerung

Alle unsere Gemüse vertragen Leitungswasser oder einen Verschnitt aus Leitungswasser mit Regenwasser. Nach Möglichkeit gießt man nicht über die Pflanzen, sondern in den Wurzelbereich – das spart Wasser und hält die Luftfeuchtigkeit niedrig. Wichtig ist in dieser Hinsicht auch das rechtzeitige Lüften. Es sollte sich niemals Tauwasser auf den Blättern bilden, denn Krankheiten wie die gefürchtete Kraut- und Braunfäule können sich nur auf nassen Blättern ansiedeln und die Tomaten oder die Kartoffeln befallen.

Beispiele für die Automatisierung der Bewässerung (unten: Kapillarschlauchsystem, rechts: Einrohrsystem).

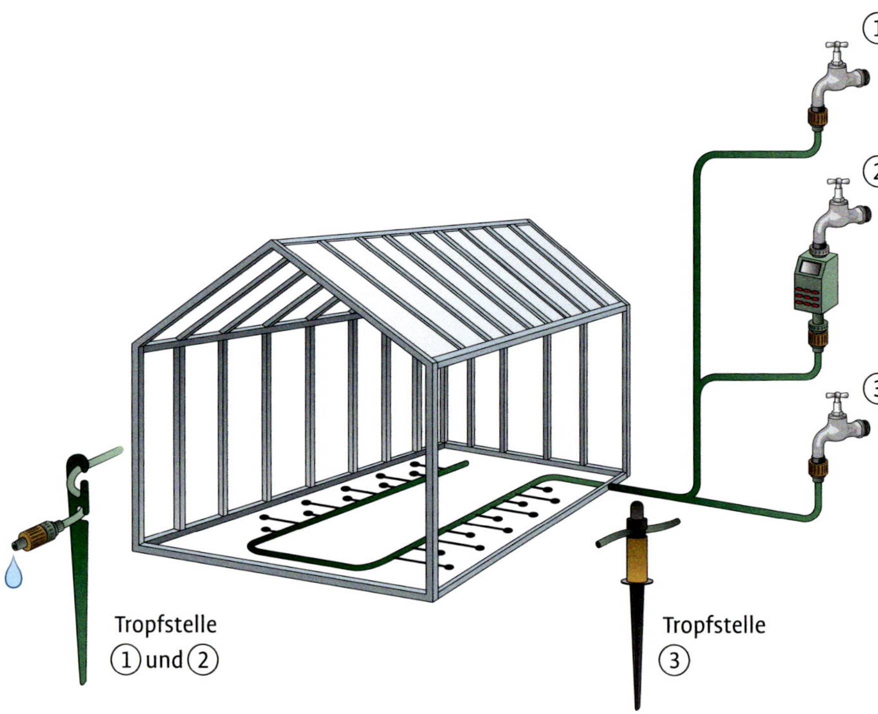

Beim Einrohrsystem wird ein Tropfschlauch verlegt, der in bestimmten Abständen feine Austrittsöffnungen hat. Er wird manchmal auch „Makrotropfschlauch“ genannt.

Sehr gut geeignet für den Gemüse- und Kräuteranbau im Gewächshaus ist die Tropfbewässerung. Dabei bleiben die Pflanzen trocken, was gut für das Klima im Gewächshaus und die Gesundheit der Pflanzen ist.

Automatische Bewässerung

Wer seine Bewässerung nicht selbst durch Auf- und Zudrehen des Wasserhahns regeln möchte, kann sie automatisieren. Möglich ist das über Zeitschaltuhren, Feuchtefühler und Kombinationen aus beiden.

Am Bewässerungscomputer stellt man ein, wann und wie lange bewässert wird. Gekoppelt mit einem automatischen Wasserverteiler kann er mehrere Geräte individuell steuern.

Anbau ohne Boden

Wenn im Gewächshaus kein gewachsener Boden vorhanden oder dieser für den Gemüse- und Kräuteranbau ungeeignet ist, dann kann man in Behältern mit Erde oder anderem erdähnlichen Substrat anbauen – oder ganz ohne Erde in Hydroponik.

Anbau in erdähnlichem Substrat

Wer in seinem Gewächshaus keinen oder keinen guten gewachsenen Boden hat, kann Gemüse und Kräuter in Tischbeeten, Hochbeeten, direkt in Erdesäcken, in Blumenkästen, Kübeln und Töpfen anbauen – das hat sich seit langem bewährt. Zur besseren Platzausnutzung stellt man die Töpfe mit niedrigeren Pflanzen wie Salaten und Kräutern in Regalen auf. Höhere Pflanzen wie Stabtomaten oder Gewächshausgurken brauchen den gesamten vertikalen Raum. Daher platziert man deren Erdesäcke oder Kübel am besten auf dem Boden.

Das Substrat ist sehr wichtig. Zum einen sollte die Qualität mindestens so gut sein wie ein guter Boden. Zum anderen sollte es pro Pflanze auch nicht zu wenig Substrat sein: Je größer man die Töpfe und andere Gefäße wählt, desto mehr Nährstoff- und Wasserspeicher hat man und muss beim Gießen und Düngen nicht ganz so perfekt dosieren.

Bei dieser Demonstration im Kleingarten für Gemüse und Kräuter in Weihenstephan wurden Erdesäcke auf den Boden gelegt, oben eingeschnitten und die Jungpflanzen hineingepflanzt. Die Pflanzen gediehen prächtig.

Substrate kann man selbst herstellen, beispielsweise aus:

- *25 % Rindenhumus, 25 % Gartenkompost, 50 % Gartenerde oder*
- *35 % Holzfaserstoffe, 30 % Rindenhumus, 25 % Gartenkompost, 10 % Ton oder*
- *1/3 reifer Gartenkompost oder Rindenhumus, 1/3 gute Gartenerde, 1/3 Torf*

Als Fertigsubstrate eignen sich aber auch Gemüse- und Kräutererden aus dem Gartenfachhandel.

Torffreie Bio-Pflanzerden

Wer zur Reduzierung des Torfabbaus beitragen und ökologisch gärtnern möchte, findet im stationären und im Online-Gartenfachhandel entsprechende Produkte, beispielsweise:

- *Ökohum Bio-Universalerde*
- *Fränkische Bio Blumen- und Pflanzerde (Humuswerk Main-Spessart)*
- *LBV-Naturschutzerde (Landesbund für Vogelschutz)*
- *Ecosus Universal-Blumenerde (von Hölscher)*
- *Schöner Garten Bio-Blumenerde (von Kleeschulte)*
- *Gold der Erde Pflanzerde torffrei (Palaterra)*
- *BL Bio T Öko Kultursubstrat (Patzer)*
- *SAGAFLOR „... da blüh ich auf!“ Bio-Blumenerde*

Bewässern kann man die Behälter von Hand. Es gibt auch Blumenkästen und Töpfe mit eingebautem Wasserspeicher – das Wasser wird über einen Docht aus dem Wasserspeicher zu den Wurzeln geleitet.

Zur Automatisierung der Bewässerung eignen sich das Tropf-Blumat- und das BETA-8-System von Beckmann. Beides sind Tropfsysteme, deren Tropfer sich bei Feuchtigkeit öffnen, und beide erhalten das Wasser wahlweise über einen Wasseranschluss oder einen erhöht aufgestellten Behälter.

Beim Tropf-Blumat-System regelt jeder Fühler einzeln, abhängig von der Bodenfeuchte, wie viel Wasser er durchlaufen lässt.

Hydroponik, Bioponik und Aquaponik

Beim Anbau auf einem Balkon oder Dach kann das Gewicht eines erdigen Substrats zum Problem werden. Eine mögliche Lösung ist der Anbau in Hydroponik.

Hydroponik, auch Hydrokultur genannt, ist die Pflanzenkultur in einem anorganischen Substrat, beispielsweise in Steinwollwürfeln oder in Gittertöpfen mit Perlite oder Blähton, die in einer Rinne mit leichtem Gefälle oder einer Wanne mit Anstaumöglichkeit stehen (oder darüber eingehängt werden). Bewässerung und Düngung erfolgen über eine wässrige Nährstofflösung. Nur spezielle Dünger sind zur Anmischung der Hydroponiknährstofflösung geeignet – es gibt sie in unterschiedlicher Zusammensetzung für die verschiedenen Pflanzen oder deren Wachstumsphasen. Die Konzentration der Nährlösung wird überwacht, indem die elektrische Leitfähigkeit gemessen wird. Die Nährlösung kommt meist über eines der folgenden Systeme zu den Wurzeln:

- *Ebbe-Flutsystem mit periodischer Flutung gesteuert über eine Zeitschaltuhr*
- *Nährfilmtechnik (NFT), bei der permanent ein dünner Nährlösungsfilm durch Rinnen mit einem leichten Gefälle läuft*
- *Feinsprühverfahren*

Hydroponiksysteme sollten als geschlossene Systeme konzipiert werden: Überschüssige Nährlösung wird aufgefangen, aufbereitet und wiederverwertet.

Für den Hydroponikanbau ist also einiges an Material (UV-beständige Rinnen oder Wannen, Schläuche, Auffangbehälter etc.), Technik (beispielsweise Pumpen, Messgeräte, ev. Zeitschaltuhren etc.), Installationsaufwand und Erprobung nötig. Danach läuft das System aber fast selbstständig.

Wasser und Nährstoffe werden über Rinnen an die Wurzeln befördert.

Die Bioponik funktioniert im Prinzip wie die Hydroponik, doch werden statt mineralischer Dünger organische verwendet. Damit der organische Dünger in pflanzenverfügbare mineralische Form umgewandelt wird, müssen mit dem Dünger auch Mikroorganismen in das System eingebracht werden, die die Umwandlungsarbeit übernehmen.

Aquaponik ist eine Kombination von Hydroponik und Aquakultur (Fischzucht). Die Ausscheidungen der Fische dienen als Dünger in der Hydroponikkultur. Webtipps finden sich im Serviceteil.

Halt gibt diesen Tomaten ein erdloses Blähtonsubstrat.

Urban Gardening/Urban Farming

Mit dem Trend, in die Stadt zu ziehen, zog auch das Gärtnern in die Stadt. Erwerbsgärtner wollen nah am Kunden anbauen, um Transportkosten einzusparen und die teuren Verteilerorganisationen zu umgehen, und stellen Produktionsgewächshäuser auf die Dächer von Supermärkten und anderen Gebäuden. In manchen Großstädten, vor allen in den USA und in Asien, werden niedrige Gemüsearten sogar in riesigen beleuchteten Regalen in ehemaligen Fabrikhallen oder in unterirdischen Anlagen angebaut. Möglich ist der vertikale Anbau in Räumen ohne Tageslicht dank spezieller LED-Pflanzenbelichtung in jedem Regalfach.

Auch Freizeitgärtner, Selbstversorger und Gartenaktivisten nutzen neue Orte in der Stadt für ihren Gemüse- und Kräuteranbau: Sie gehen ebenfalls auf Dächer, nutzen ihre Balkone oder gärtnern gemeinsam in Hinterhöfen oder auf dafür freigegebenen Flächen der Stadt oder anderer Eigentümer.

Alle – vom Erwerbsgärtner bis zum Gartenaktivisten – bauen teilweise statt im Boden oder in erdähnlichen Substraten in Hydroponiksystemen an. Der Erwerbsgartenbau erprobt sie schon länger, weil die Gewächshausböden nach vielen Jahren Intensivanbau oft zu stark mit Salz und Krankheiten belastet waren. Heute kann die Technik fast überall eingesetzt werden. Der Trend geht bei den Freizeitgärtnern und vielen umweltbewussten Gärtnern zur biologischeren Variante von Hydroponik – Einsatz von organischen Düngern und Mikroorganismen statt rein mineralischer Flüssigdünger – oder gleich zur Aquaponik. Bei der Recherche im Internet stellt man fest, dass ein guter Teil der dort publizierten Hydroponikerfahrungen aus dem (bei uns nicht erlaubten) Cannabisanbau stammt.

Winternutzung vom Gemüsegewächshaus

Auch im Winter kann man knackige Gemüse auf den Tisch bringen: beispielsweise frischen Feldsalat oder Spinat vom Beet, vitaminreichen Kohl aus der Gemüsemiete im kalten Gewächshaus oder vorgetriebenen Schnittlauch aus der Treiberei.

Wintergemüse

Im unbeheizten und im gerade frostfrei geheizten Gewächshaus kann man die spät gesäten oder gepflanzten Herbst-/Wintergemüse stehen lassen und sie an frostfreien Tagen im Winter ernten. Dafür eignen sich beispielsweise Spinat, Feldsalat, Löffelkraut, Winterportulak und Bremer Scheerkohl.

Feldsalat ist nicht nur ein schmackhafter, gesunder Salat für den Winter, er tut auch dem Boden gut.

Wurzelgemüse wie Möhren und Rote Beete eignen sich zur Einlagerung in eine Gemüsemiete.

Gemüsemiete

Ein unbeheiztes Kalthaus kann man zum Wintereinschlag von Gemüse nutzen. Dafür wird der Boden 60 bis 70 cm tief ausgehoben. In diese Grube stellt man das Gemüse nebeneinander und füllt die Zwischenräume mit Erde und Sand aus. Obenauf kommt eine dicke Decke aus Stroh. Wenn die Außentemperatur über dem Gefrierpunkt liegt, sollte gelüftet werden. Bei strengen Kälteperioden legt man zusätzlich Strohmatten auf die Außenhaut des Gewächshauses.

Die Nutzung eines frostfrei heizbaren Kalthauses zur Gemüselagerung im Winter erfordert etwas weniger Aufwand. Das Lagergut wird in Kisten und Eimer geschichtet und die Zwischenräume mit Erde oder Sand ausgefüllt. Die Kisten deckt man zusätzlich mit einer Strohschicht ab.

Die Gewächshaustemperatur sollte möglichst zwischen 1 und 5 °C liegen. Bei zu hohen Temperaturen an sonnigen Herbst- und Wintertagen muss schattiert und gelüftet werden – das Gemüse kann sonst verderben. Bei strengen Frösten wird frostfrei geheizt und das Gewächshaus mit außen aufgelegten Strohmatten isoliert.

Gemüsetreiberei

Einige Gemüse legen Speicherorgane an, aus denen sie nach der Winterruhe wieder austreiben. Aus Versuchen und Erfahrungen weiß man, dass nicht unbedingt der gesamte Winter als Ruhephase dienen muss, sondern dass diese Gemüse bereits nach Ablauf einer Mindestruhe treibfähig sind. Unterzieht man sie dann einer Wärmebehandlung, hat man auch im Winter frisches Gemüse oder Würzkraut. Um kontinuierlich den ganzen Winter hindurch ernten zu können, treibt man nicht alle Pflanzen auf einmal an, sondern nach und nach in Sätzen. Für die Treiberei sind besonders Schnittlauch, Petersilie, und Chicorée geeignet.

Schnittlauch

Für die Treiberei vorgesehene Schnittlauchballen werden Ende Oktober/Anfang November ausgegraben. Altes Laub und abgestorbene Wurzelteile entfernt man und lagert die Ballen im Freien. Nach Bedarf unterzieht man nun jeweils einige Ballen einer Nasswärmebehandlung, damit der Schnittlauch mit dem Austrieb beginnt. Dazu werden die Ballen fünf Stunden lang in 40 °C warmes Wasser gestellt. Nur die ersten Treibsätze brauchen diese Behandlung. Hat einmal über längere Zeit Kälte auf die gelagerten Schnittlauchballen eingewirkt, ist die Warmwasserbehandlung nicht mehr notwendig.

Zum Treiben braucht der Schnittlauch nach der Ruhephase einen warmen Platz im Gewächshaus.

Die Ballen werden nach der Behandlung getopft oder in Erde gesetzt und im Gewächshaus aufgestellt. Die Treibtemperatur liegt am besten bei 20 °C. Nach drei Wochen ist der Schnittlauch erntereif.

Chicorée

Um im Winter Chicoréerüben zu haben, wird Chicorée zwischen dem 15. und 25. Mai ins Freiland ausgesät. Der Reihenabstand sollte bei 35 bis 40 cm liegen.

In der Reihe wird auf 8 cm vereinzelt, damit die Rüben später einen Durchmesser von 3 bis 7 cm bekommen. Von der Aussaat bis zur Ernte der Rüben dauert es 18 bis 20 Wochen.

Die Rüben gräbt man samt Laub mithilfe einer Grabgabel aus und lagert sie an einem schattigen, kühlen Platz auf einem Haufen. Rüben unter 3 und über 10 cm werden aussortiert. Optimal für die Lagerung der Rüben bis zur Treiberei sind 1 bis 3 °C. Als Treibgefäße eignen sich Kisten und Eimer, die 35 bis 40 cm hoch sind und unten Wasserabzugslöcher haben. Unten in das Gefäß kommt eine 10 cm dicke Schicht aus Gartenerde. Dort hinein stellt man die Rüben dicht an dicht, nachdem das Laub 3 bis 4 cm über der Rübenschulter abgeschnitten wurde. Darüber wird eine 3 cm dicke Erdschicht gestreut und mit einem scharfen Wasserstrahl eingeschwemmt. Die gefüllten Behälter kommen dann in ein Gewächshaus oder einen anderen zum Treiben geeigneten Raum – abgedeckt mit schwarzer Folie oder einem anderen lichtundurchlässigen Material.

Auch die Schnittpetersilie mit ihren dünneren Wurzeln eignet sich für die Treiberei.

Die Chicoréesprosse sollen kein Licht erhalten, damit sie hell und mild werden. Die Treibtemperatur liegt im Idealfall zwischen 12 und 17 °C, in der Anfangsphase eher bei 12 °C, später bei 17 °C. Die Chicoréetreiberei kann beispielsweise gut unter dem Tisch in einem temperierten Gewächshaus stattfinden. Nach 5 bis 6 Wochen ist der Chicorée erntereif.

Petersilie

Für die Petersilientreiberei sind sowohl Wurzel- als auch Schnittpetersilie geeignet. Schnittpetersilie für die Treiberei wird bereits Anfang September gerodet. Geeignet sind Wurzeln mit einem Schulterdurchmesser ab 3 mm – eingekürzt auf 6 bis 8 cm. Das Laub schneidet man etwa 3 cm über der Wurzel ab. Wurzelpetersilie wird erst im November gerodet. Als treibwürdig gelten bei Wurzelpetersilie Wurzeln mit einem Schulterdurchmesser von 2 cm. Sie werden nicht eingekürzt, allerdings wird das Laub auf 3 cm reduziert.

Für die Produktion frischen Petersiliengrüns während des Winters werden die Wurzeln nach der Rodung in ein Beet gesetzt oder in Töpfe gepflanzt. Die früh gerodete Schnittpetersilie hat bis zum Winter noch Zeit, Wurzeln zu bilden und „Kräfte zu sammeln“. 50 bis 60 Wurzeln können pro m^2 gepflanzt werden. Die Wurzelpetersilie dagegen hat bis zur Rodung im November genügend Reservestoffe für die Treiberei in ihrer Wurzel gespeichert, 160 bis 240 Wurzeln werden pro m^2 in Gräben dicht an dicht gestellt.

Die Wurzelschulter sollte möglichst nicht mit Erde bedeckt sein. Die Wurzeln sind nach dem Einschlag gut einzuschlämmen. Die Treibtemperatur sollte zwischen 8 und 18 °C liegen.

Die erste Ernte der Schnittpetersilie ist 12 bis 15 Wochen nach der Pflanzung möglich, bei Wurzelpetersilie bereits 4 bis 6 Wochen nach dem Einschlag. Bei einem geringeren Energiebedarf wird jeweils eine entsprechend kleinere Fläche genutzt.

Kübelpflanzen überwintern

Manche Hobbygärtner brauchen dringend Platz für ihre Kübelpflanzen.

In einem unbeheizten Gewächshaus kann man nur einigermaßen frostverträgliche Kübelpflanzen überwintern, in einem frostfreien Gewächshaus dagegen auch Kübelpflanzen, die mit dem Klima im mediterranen Raum

Die Feige kann in den meisten Regionen Deutschlands in einem ungeheizten Gewächshaus überwintern.

zurechtkommen. In diesen „Kalthäusern" überwintern die Kübelpflanzen in einer Art Ruhephase. Sie sollten im Frühjahr möglichst früh aus- und im Herbst möglichst spät wieder eingeräumt werden.

In einem warmen Gewächshaus kann man sogar Pflanzen mit einem hohen Wärmebedarf unterbringen, braucht dann aber meistens auch eine Zusatzbelichtung.

In vielen Lagen Deutschlands kann man kälterobuste Sorten der Feige (*Ficus carica*) wie beispielsweise die Bayernfeige 'Violetta', die Hanfpalme (*Trachycarpus fortunei*), Aukube (*Aucuba japonica*), Lorbeer (*Laurus nobilis*) und Olive (*Olea europaea*) in einem ungeheizten Gewächshaus überwintern. Auch mehrjährige Kräuter wie Salbei und Rosmarin sowie die frostverträgliche Banane (*Musa basjoo*) kann man dort einquartieren. Manche von den genannten Pflanzen können im Weinbauklima zwar auch im Freien bleiben, doch im Gewächshaus sind sie vor Übernässung und Sturmschäden geschützt.

Dagegen benötigen Granatapfel (*Punica granatum*), Bergamotte (*Citrus bergamia*), Pomeranze (*Citrus x aurantium*), Kamelie (*Camellia*), Oleander (*Nerium oleander*) und andere zur Überwinterung unbedingt einen frostfreien Platz, ein frostfreies Gewächshaus.

Nur für wärmere Gewächshäuser und Wintergärten eignen sich Zuckerapfel (*Annona squamosa*), Limette (*Citrus x latifolia*), Hibiscus (*H. rosa-sinensis*), Bougainvillea-Arten und die Rote Zierbanane (*Ensete ventricosum*).

Gemüse und Kräuter anbauen

Gärtnern macht glücklich und Gemüsegärtnern macht auch noch satt. Mit den zusätzlichen Möglichkeiten im Gewächshaus hat man als Hobbygärtner und Selbstversorger das ganze Jahr über Freude sowie frisches Gemüse und Kräuter auf dem Tisch.

18.4.
Lavatera

Jungpflanzenanzucht

Mit der Jungpflanzenanzucht im Warmen und anschließender Pflanzung ins Beet gewinnt man einen Wachstumsvorsprung vor den Pflanzen, die frühestmöglich am Bestimmungsort direkt ausgesät werden. Die Ernte fällt besonders gut aus, wenn man nur die besten Keimlinge weiterkultiviert.

Gemüse- und Kräuterjungpflanzen vorziehen kann man an einem Platz, der warm und hell ist – in einem geheizten Gewächshaus, einer Gewächshauskabine oder einem beheizten Anzuchtbeet mit mindestens 15 °C.

Die Jungpflanzenanzucht beginnt mit der Aussaat. Als Aussaat- und Pikiererde eignen sich feinkrümelige, nicht zu nährstoffhaltige Erden. Je nach Pflanzenart dauert die Keimphase unterschiedlich lang. Sobald die Keimblätter entfaltet sind und man die kleinen Pflänzchen greifen kann, werden sie vereinzelt (pikiert). Anschließend werden sie weiterkultiviert, gegossen und gedüngt, eventuell abgehärtet – bis die Zeit gekommen ist, sie an ihren Bestimmungsstandort zu pflanzen.

Wichtige Werkzeuge und Hilfsmittel für die Anzucht sind:

- *Ein Brett zum Glattstreichen der Aussaaterde in der Saatschale*
- *Ein Brett mit Griff zum Andrücken der Samen*
- *Ein Sieb zum Übersieben der Aussaaten*
- *Ein Pikierstab zum Vereinzeln der gekeimten Pflanzen*

Arbeitsschritte Aussaat:

1 Die Erde in der Aussaatkiste wird waagerecht abgezogen.

2 Aussäen kann man direkt aus der Tüte oder mit einem Blatt Papier.

3 Die Aussaat wird etikettiert,

4 angedrückt und

5 so hoch übersiebt, wie das Samenkorn dick ist.

6 Als Letztes wird mit einer feinen Brause gegossen.

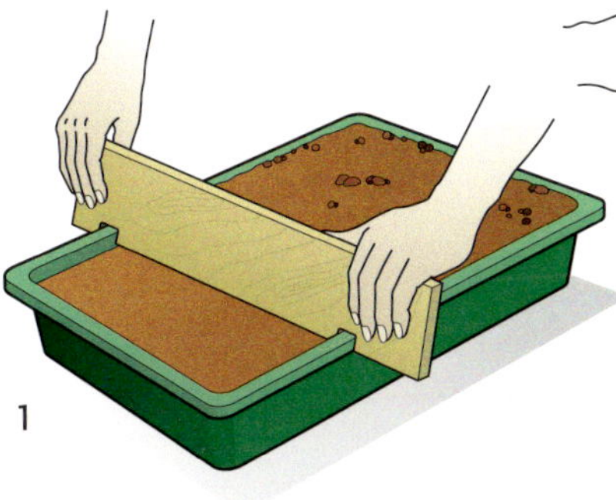

1

2

3

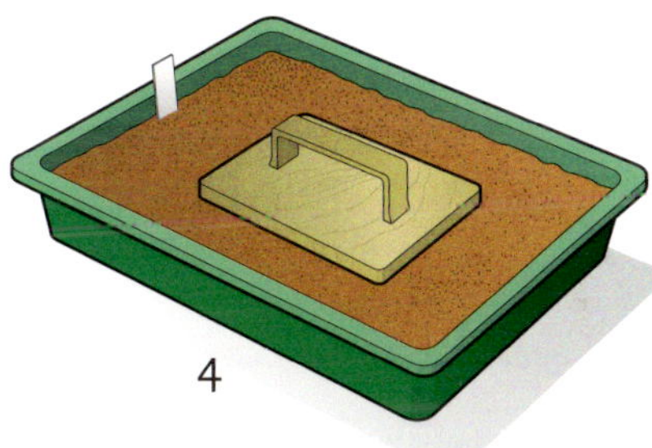

4

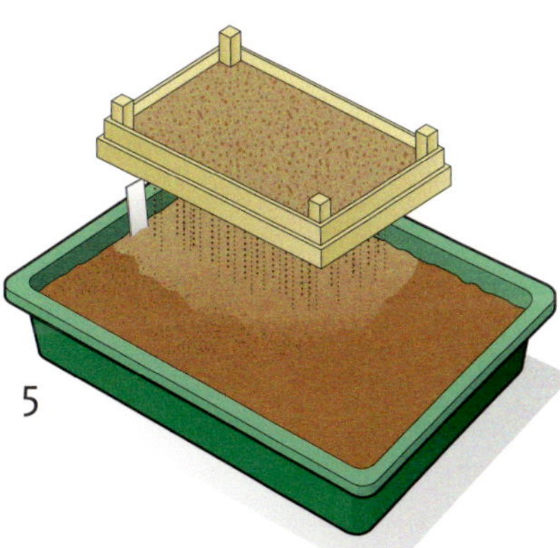

5

6

Ein Pikierstab ist ein hilfreiches Werkzeug zum Vereinzeln der Sämlinge.

Vorgehensweise Pikieren:

1. Eine Schale oder Multitopfplatte mit Erde befüllen, zur Verfestigung etwas rütteln, mit einem Brett abziehen und leicht andrücken.
2. Mit dem Pikierstab im geplanten Abstand Löcher für die Wurzeln vorbohren.
3. Um ein Pflänzchen aus der Aussaatschale herauszunehmen, führt man den Pikierstab von der Seite unter die Pflanze und hebt sie vorsichtig an.
4. Die Wurzeln der kleinen Pflanze in ein vorgebohrtes Loch in der Erde der neuen Schale führen und mit dem Pikierstab von der Seite Erde an die Wurzeln drücken.
5. Ist die Schale oder Multitopfplatte mit pikierten Pflänzchen voll, das Angießen mit weicher Brause nicht vergessen.

Für die anfallenden Arbeiten bei der Anzucht der Pflanzen ist ein Arbeitstisch mit einer glatten Oberfläche eine große Hilfe. Sind die Seiten des Tisches hochgezogen, können Erde und Töpfe nicht vom Tisch rutschen.

Will man in mehreren Etagen gärtnern, eignen sich Regale mit Abstellflächen aus verzinkten oder kunststoffummantelten Drahtgittern. Zwischen den aufgestellten Töpfen und Schalen kann Licht zu weiter unten stehenden Pflanzen im Grundbeet gelangen und die Luftzirkulation ist besser als bei durchgehenden Regal- und Tischböden.

Für die Aussaat und für die Jungpflanzenanzucht gibt es Aussaatschalen. Für die Weiterkultur von Jungpflanzen eignen sich Ton- und Plastiktöpfe, Quelltöpfe, Anzuchttöpfe und Multitopfplatten sowie Erdpresstöpfe und

Recyclingtöpfe. Quelltöpfe sind Tabletten aus gepressten Kokosfasern, Zellulose und/oder Torf, die bei Kontakt mit Wasser aufquellen. Aus den genannten Materialien gibt es auch Multitopfplatten. Diese bestehen aus vielen kleinen Einzeltöpfen, die miteinander verbunden sind und dadurch eine Transporteinheit bilden. Erdpresstöpfe sind in Form gepresstes Erdsubstrat ohne jede Umhüllung. Kleine Erdtopfpressen sind auch für Hobbygärtner im Handel erhältlich. Recyclingtöpfe werden aus Altpapier hergestellt. Bei ihrer Verwendung muss man mit einem höheren Stickstoffbedarf der Pflanzen rechnen, da der Verrottungsprozess des Materials dem Substrat Stickstoff entzieht. Als sparsame Recyclinglösungen können auch Eierbehälter, Joghurtbecher, halbierte Toilettenpapierrollen und Ähnliches Verwendung finden.

Aussaaten und Jungpflanzen werden mithilfe eines Brauseaufsatzes für die Gießkanne oder den Gartenschlauch „weich" überbraust, damit sie nicht umfallen oder weggeschwemmt werden.

Samen ernten

Wer später Samen von seinen Pflanzen ernten möchte, um sie im nächsten Jahr anzubauen, muss bei der Sortenwahl darauf achten, dass er samenfeste Sorten und keine Hybridsorten kauft. Bei Hybridsorten hat man in der nächsten Generation nämlich ganz unterschiedliche Pflanzen.

Termingerechte Jungpflanzenanzucht

Um den Aussaattermin zu berechnen, muss man wissen, wann das Gemüse gepflanzt werden soll und wie lange die Jungpflanzenphase in dieser Zeit dauert. Die Pflanztermine im Gewächshaus sind:

- *Frühjahrskulturen: Ende Februar/Anfang März*
- *Sommerkulturen: Ende April/Mitte Mai*
- *Herbst- und Winterkulturen: nach Abräumen der Sommerkultur*

Belegung eines Gewächshauses

Die folgende Tabelle zeigt, welche Gemüse zu welcher Zeit im unbeheizten Gewächshaus stehen, wenn man diesen wertvollen Platz optimal ausnutzen möchte. Die Frühjahrs- und Sommerkulturen werden vorgezogen und gepflanzt, damit man mit möglichst großen Pflanzen starten kann. Wer selbst keine Jungpflanzenanzucht betreibt, kauft Jungpflanzen beim Gärtner. Bei den Herbst- und Winterkulturen wird oft direkt gesät. Sind allerdings die Sommergemüse noch nicht rechtzeitig abgeräumt, so zieht man auch die Herbstgemüse vor und pflanzt sie später – das geht sogar bei Feldsalat und Radieschen.

Die gemüsebauliche Nutzung eines unbeheizten Gewächshauses

Jan.	Feb.	März	April	Mai	Juni
Herbst- und Winterkulturen		**Frühjahrskulturen**		**Sommer-(Haupt-)Kultu**	
Soweit noch nicht abgeerntet		Kopfsalat		Tomaten	
		Eissalat		Gurken	
		Pflücksalat		Paprika	
		Schnittsalat		Auberginen	
		Krulsalat		Melonen	
		Rettich		Pepino	
		Kohlrabi		Okra	
		Stielmus		Luffa	
	Spinat				

Gemüsearten mit * können über den Winter im Gewächshaus verbleiben.

Termingerechte Aussaat

Wann man welches Gemüse aussät, damit es zu einer bestimmten Zeit groß genug für das Auspflanzen am endgültigen Bestimmungsort im Freien oder im Gewächshaus ist, zeigt die folgende Tabelle. Es handelt sich um Erfahrungswerte unter optimalen Anzuchtbedingungen. Sollten die Bedingungen bei Ihnen nicht so ideal sein, müssen Sie 1 bis 2 Wochen früher beginnen, etwas später auspflanzen oder die Pflanzen einfach etwas kleiner pflanzen, als sie unter optimalen Bedingungen sein könnten.

Termingerechte Aussaat von Gemüse

	Anzuchtdauer in Wochen	Pflanztermin	Pflanzort
Aussaat Mitte Januar			
Kopfsalat	6–7	Anfang März	Gewächshaus
Kohlrabi	6–7	Anfang März	Gewächshaus
Aussaat Ende Januar			
Rettich	4–5	Anfang März	Gewächshaus
Aussaat ab Mitte Februar			
Auberginen	9–10	Ende April	Gewächshaus
Paprika	8–9	Ende April	Gewächshaus

Fortsetzung der Tabelle auf Seite 82

	Aug.	Sept.	Okt.	Nov.	Dez.
		Herbst- und Winterkulturen			
		Spinat*		Pflücksalat	
		Feldsalat*		Blattbatavia	
		Endivien		Krulsalat	
		Radieschen			
		Löffelkraut*			
		Salatrauke(*)			
		Winterportulak*			
		Bremer Scheerkohl*			
		Kopfsalat			
	Kohlrabi				

Frühkohl (Weißkohl, Wirsing, Blumenkohl)	6–7	Anfang April	Freiland
Kohlrabi	6	Anfang April	Freiland
Kopfsalat	6	Ende April	Freiland
Aussaat Anfang März			
Auberginen	9–10	Mitte Mai	Freiland
Aussaat ab Mitte März			
Paprika	8–9	Mitte Mai	Hochgestelltes Frühbeet, Freiland
Tomaten	7–8	Anfang Mai	Gewächshaus
Brokkoli	5	Ende April	Freiland
Knollenfenchel	6	Ende April	Freiland
Sommerkohl (Blumenkohl, Weißkohl)	5	Ende April	Freiland
Sellerie	8	Mitte Mai	Freiland
Okra	9	Mitte Mai	Gewächshaus
Andenbeeren	9	Ende Mai	Gewächshaus
Aussaat ab Ende März			
Tomaten	7–8	Mitte Mai	Hochgestelltes Frühbeet, Freiland
Melonen	7–8	Ende Mai	Gewächshaus, Frühbeet
Aussaat Anfang April			
Gurken	5–6	Mitte Mai	Gewächshaus
Aussaat ab Mitte April			
Gurken	5–6	Ende Mai	Frühbeet
Spätkohl	6	Ende Mai	Freiland
Eis-, Pflück-, Bindesalat	5–6	Ende Mai	Freiland
Aussaat ab Anfang Mai			
Buschbohnen	3	Ende Mai	Frühbeet
Stangenbohnen	3	Ende Mai	Freiland
Zucchini	3–4	Ende Mai	Freiland
Aussaat ab Ende Mai			
Grünkohl	4	Ende Juni	Freiland
Aussaat ab Mitte Juni			
Endiviensalat	4	Mitte Juli	Freiland
Aussaat ab Ende Juli			
Chinakohl	3	Mitte August	Freiland
Endiviensalat	4	Ende August	Gewächshaus, Frühbeet

Frühjahrs- und Herbstgemüse

Die ersten frischen Gemüse des Jahres sind die Frühjahrsgemüse aus dem Gewächshaus, die letzten sind die Herbstgemüse. Einige bleiben bis zum Frühjahr im Gewächshaus stehen und können an frostfreien Tagen im Winter geerntet werden.

Kopfsalat, Eissalat

Lactuca sativa var. *capitata* – Korbblütler, Compositae

Bei Kopfsalat und Eissalat bilden die inneren Blätter einen festen Kopf. Beide werden ab Ende Februar/ Anfang März im unbeheizten Gewächshaus und ab Mitte Februar im beheizten Gewächshaus angebaut. Sie sind etwa 8 bis 10 Wochen nach der Pflanzung erntereif.

Kopfsalat ist eine Langtagpflanze, die im Sommer (Langtag) in die Blüte statt in die Kopfbildung geht („schosst"). Für den Sommeranbau werden daher spezielle Sommersorten verwendet, die tagneutral sind.

Eissalat ist eine Kulturform des Kopfsalates mit dickeren Blättern und großem Kopf – er benötigt etwa 10 Tage mehr Kulturzeit. Eissalat ist im Gegensatz zum Kopfsalat tagneutral und hitzebeständiger.

Der letzte Kopfsalatsatz für die Herbstnutzung des unbeheizten Gewächshauses muss bis Mitte September gepflanzt sein, Eissalat spätestens Anfang September. Geerntet werden sie im Oktober und November.

Der letzte Kopfsalat im ungeheizten Gewächshaus muss Mitte September gepflanzt sein.

Jungpflanzenanzucht

Je nach Jahreszeit und Temperatur dauert die Jungpflanzenanzucht 4 bis fast 8 Wochen. Mit Zusatzbelichtung während der lichtarmen Jahreszeit kann sie um bis zu 2 Wochen verkürzt werden. Für die Pflanzung Anfang März in ein unbeheiztes Haus wird bereits Mitte Januar ausgesät.

Der Samen wird nur sehr fein mit gesiebter Erde bedeckt. Die Aussaaten sollten nach dem Angießen für 2 Tage an einen kühlen Platz zwischen 10 und 18 °C stehen, danach möchten sie es wärmer haben, 15 bis 18 °C oder mehr.

Nach dem Keimen pikiert man die Pflänzchen in Töpfe mit 5 cm Durchmesser, stellt sie bis zur Pflanzung hell, eventuell mit Zusatzbelichtung, auf und kultiviert nicht zu warm weiter.

Boden, Pflanzung, Pflege

Salat kommt mit einem normalen Gartenboden gut zurecht. Eine Salatjungpflanze sollte bei der Pflanzung etwa fünf Blätter haben, der Erdballen gut durchwurzelt sein.

Kopfsalat hat einen niedrigen bis mittleren Nährstoffbedarf, Eissalat einen etwas höheren. Wer vor der Pflanzung 2 l reifen Gartenkompost pro m² ausgebracht hat, kann noch 30 g Horngries und 15 g Kalimagnesia pro m² bei der Pflanzung geben. Wer keinen Kompost hat, nimmt einen Volldünger, beispielsweise 150 bis 190 g Hauert Hornoska spezial, Engelharts Gemüsedünger Sti-p-Ka oder Azet TomatenDünger pro m².

Der frisch gepflanzte Kopf- oder Eissalat wird angegossen und erhält bei der Frühpflanzung für die ersten 2 bis 3 Wochen eine Vliesabdeckung. Die Wasserversorgung sollte möglichst nicht über, sondern an der Pflanze erfolgen. Kopfsalat hat einen hohen Lichtbedarf.

Sorten

- *'Larissa' ist eine mehltauresistente Kopfsalatsorte für den Früh- und Spätanbau im Gewächshaus und sowie Frühbeetkasten.*
- *'Skipper' ist eine virustolerante und mehltauresistente Kopfsalatsorte für den Früh- und Herbstanbau im Gewächshaus und sowie Frühbeetkasten.*
- *'Saladin' ist ein mehltauresistenter Eissalat, der sich für den Frühanbau im Gewächshaus und den Sommeranbau im Freiland eignet.*
- *'Eissalat Sioux' ist eine Eissalatsorte mit rotbraunem Deckblatt, die sich für den frühen Anbau im Gewächshaus eignet.*

Blattsalat, Kraussalat, Pflücksalat, Schnittsalat

Varietäten von *Lactuca sativa* – Korbblütler, Compositae

Die hier vorgestellten Salate bilden nicht so einen festen Kopf wie Kopfsalat oder Eissalat. Es sind mehr oder weniger krause Sorten, die in Rosetten wachsen, beispielsweise Kreuzungen von Kopfsalat mit Bataviasalat, Kopfsalat mit Romanasalat oder Eichblattsalat mit Bataviasalat.

Baby-Leaf-Salate kann man im Topf anbauen und zum Ernten mit in die Küche nehmen. Man kann sie fortlaufend oder wie Schnittsalat auf einmal ernten.

Mischkultur unterstützt die Pflanzengesundheit. Hier wachsen rote und grüne Salanova-Schnittsalate in Mischkultur mit Zwiebeln.

Pflücksalat werden die genannt, bei denen man die ganze Pflanze nicht auf einmal ernten muss, sondern die Blätter nach Bedarf über einen längeren Zeitraum pflücken kann.

Schnittsalat wird meist in Reihen gesät und diese einmal komplett geschnitten, wenn die gewünschte Größe erreicht ist. Damit man fortlaufend frischen Salat hat, wird Schnittsalat im Abstand von 1 bis 2 Wochen in Reihen von etwa 12 cm Abstand eng ausgesät. Man benötigt etwa 3 g Saatgut pro m^2.

Sorten

- *Die Sorte 'Krizet' ist ein dekorativer Kraussalat, resistent gegen Mehltau und Salatblattläuse, der gepflückt werden kann.*
- *'Raisa grün' und 'Raisa rot' sind aus der Kreuzung von Eichblatt- und Bataviasalat entstanden. Sie eignen sich für die frühe Pflanzung im Gewächshaus und den Sommeranbau im Freiland.*
- *'Salad Bowl' und 'Red Salad Bowl' sind Pflücksalate und zwar Eichenlaubsorten, die von Frühjahr bis Herbst angebaut werden können.*
- *Bewährte Schnittsalatsorten sind 'Gelber Runder' und 'Krauser Gelber'.*
- *'Lollo Bionda' (grün) und 'Lollo Rossa' (rot) sind bewährte krause Pflücksalatsorten, die ursprünglich aus Italien stammen.*

Kohlrabi

Brassica oleracea var. *gongylodes* – Kreuzblütler, Cruciferae

Schossresistente Kohlrabisorten können schon Ende Februar ins Gewächshaus gepflanzt werden.

Die ersten und die letzten Kohlrabi des Jahres kommen aus dem Gewächshaus.

Für den Frühjahrs- und Spätsommeranbau im Gewächshaus sind nicht alle Sorten geeignet, denn der Kohlrabi gehört zu den zweijährigen Pflanzen: Er wächst, bildet im ersten Jahr Blätter und eine Sprossknolle und geht im zweiten Jahr nach dem Winter in die Blütenbildung über, er schosst. Die Blütenbildung wird durch längeres Einwirken von tiefen Temperaturen ausgelöst. Ein Problem des Früh- und Spätanbaus im unbeheizten Gewächshaus ist, dass auf die Pflanzen tiefe Temperaturen einwirken und so manchen Sorten weismachen, jetzt sei ihr zweites Jahr angebrochen. Für den Frühjahrs- und Spätsommeranbau im Gewächshaus benötigt man daher unbedingt schossresistente Sorten, die sich für den Frühjahrs- und Spätsommeranbau im unbeheizten Gewächshaus eignen.

Jungpflanzenanzucht

Um Anfang März zu pflanzen, muss man bereits Mitte bis Ende Januar aussäen. Der Samen wird 1 cm tief abgelegt. Die optimale Keimtemperatur beträgt 18 bis 20 °C. Nach 10 bis 15 Tagen sind die Pflänzchen gekeimt und werden einzeln in 8-cm-Töpfe, Multitopfplatten oder Ähnliches pikiert. Ab jetzt kann die Temperatur zwischen 15 und 20 °C liegen. Zusatzbelichtung ist bei der frühen Saat zu empfehlen, da sich dadurch das Wachstum beschleunigt und die Jungpflanzenqualität verbessert.

Der letzte Kohlrabisatz des Jahres wird Mitte August ins Gewächshaus gepflanzt. Dazu muss man Mitte Juli aussäen und vorkultivieren.

Boden, Pflanzung, Pflege

Kohlrabi bevorzugt einen guten, humosen Boden, verträgt aber auch einen etwas lehmigeren Boden. Die Pflanzen dürfen nicht zu tief gesetzt werden, da dies die Knollenbildung stört. Die Pflanzweite sollte etwa 30 x 30 cm betragen. Das entspricht 12 Pflanzen pro m^2. Nach dem Pflanzen wird zunächst gut angegossen und dann bei Bedarf ein Vlies aufgelegt.

Kohlrabi zählt zu den mittelstark bis stark zehrenden Gemüsen. Wer vor der Pflanzung 3 l Kompost pro m^2 ausgebracht hat, verabreicht noch 50 g

Horngries und 60 g Kalimagnesia bei der Pflanzung. Wer keinen Kompost zur Verfügung hat, düngt bei einem normal versorgten Boden insgesamt etwa 290 g Hauert Hornoska spezial, Engelharts Gemüsedünger Sti-p-Ka oder Azet TomatenDünger pro m^2 auf drei Gaben verteilt – also knapp 100 g bei der Pflanzung sowie 2 und 4 Wochen danach.

Ab der Knollenbildung ist eine gleichmäßige Wasserversorgung wichtig, da Kohlrabi sonst zum Platzen neigen. Etwa 8 Wochen nach der Pflanzung ist der Kohlrabi erntereif.

Spätkohlrabi kann man Anfang bis Mitte August ins unbeheizte Gewächshaus pflanzen und im Oktober ernten.

Vorsicht: Wassermangel während der Wachstumsphase und zu langes Stehenlassen der ausgebildeten Knolle lassen die Kohlrabiknolle „holzig“ werden.

Sorten

- *‘Azur Star’ ist ein früher, schossfester, blauer Kohlrabi.*
- *‘Rasko’ ist ein weißer Kohlrabi für den Frühjahr-, Frühsommer- und Herbstanbau.*
- *‘Lanro’ ist eine schnellwachsende weiße Sorte für den Frühjahr-, Sommer- und Herbstanbau.*
- *‘Superschmelz’, der auch unter dem Namen ‘Gigant’ bekannt ist, ist ein langsam wachsender, weißer Riesenkohlrabi, der wegen seiner Größe auch etwas mehr Standweite braucht.*

Rettich

Raphanus sativus – Kreuzblütler, Cruciferae

Rettich kann direkt an Ort und Stelle ausgesät oder vorgezogen und dann ausgepflanzt werden. Beim Pflanzrettich wird die Rübe walzenförmig.

Für die Jungpflanzenanzucht von Pflanzrettich müssen die Töpfe ausreichend hoch sein.

Jungpflanzenanzucht

Pflanzrettiche können 7 bis 10 Tage eher geerntet werden als die direkt gesäten Rettiche. Den Samen bedeckt man etwa 1 cm dick mit Erde. Wenn der Samen gekeimt ist und der Abstand zwischen Wurzel und Keimblättern etwa 5 bis 6 cm beträgt, wird einzeln in Töpfe pikiert. Am besten eignen sich extra tiefe, kleine Tontöpfe oder Jiffypots beziehungsweise Jiffystrips vom Typ „Rettichtopf“ (12 cm tief, 6 cm breit). Dabei wird der Rettich ganz gerade bis zu den Keimblättern in das Substrat gesenkt und vorsichtig von der Seite angedrückt.

Die jungen Pflanzen benötigen jetzt einen möglichst hellen und nicht zu warmen Platz, bis sie nach weiteren 2 bis 3 Wochen ins Gewächshaus gepflanzt werden.

Boden, Pflanzung, Pflege

Rettich wünscht einen lockeren Boden und hat einen mittleren Nährstoffbedarf. Wer vor der Pflanzung 2 l reifen Kompost pro m^2 ausgebracht hat, verabreicht noch 30 g Horngries und 50 g Kalimagnesia bei der Pflanzung. Wer keinen Kompost hat, gibt mit der Pflanzung 150 bis 190 g Hauert Hornoska spezial, Engelharts Gemüsedünger Sti-p-Ka oder Azet TomatenDünger pro m^2. Eine Vliesauflage in den ersten Wochen nach der Pflanzung bringt eine frühere Ernte.

Sorten

- *'Rex' ist eine schnellwüchsige, weiße Rettichsorte für die Ernte von Frühjahr bis zum Herbst, die sich auch zum Anbau als Pflanzrettich eignet.*
- *'Ostergruß' ist ein leuchtend dunkelrosa gefärbter Rettich für die Frühjahrs- und Sommerernte.*

Radieschen

Raphanus sativus var. *sativus* – Kreuzblütler, Cruciferae

Radieschen reagieren während des Knollenwachstums empfindlich auf Trockenheit. Manche Sorten werden dann holzig und scharf.

Meist werden Radieschen direkt gesät, man kann sie aber auch vorziehen und auspflanzen.

Ab Anfang März können Radieschen ins unbeheizte Gewächshaus gesät werden. Die Saattiefe beträgt 1 cm. Der Abstand zwischen den Pflanzen sollte nicht enger als 8 x 6 cm sein.

Der letzte Termin für die Aussaat im unbeheizten Gewächshaus ist der 20. September, im geheizten Gewächshaus der 10. Oktober. Die Zeit von der Aussaat bis zur Ernte beträgt je nach Jahreszeit und Temperatur nur 5 bis 10 Wochen.

Radieschen mit Vorkultur

Gesät wird nicht zu dicht in Töpfe oder Schalen. Die optimale Keimtemperatur liegt bei 18 bis 22 °C. Sobald der Abstand zwischen Wurzel und Keimblätter 1 bis 2 cm beträgt, pikiert man ins Gewächshausbeet im Abstand 8 x 6 cm und verwendet dabei nur die schnellsten und ansehnlichsten Sämlinge.

Boden, Düngung und Pflege

Radieschen mögen einen lockeren, humosen Boden. Sie haben einen niedrigen Nährstoffbedarf. Vor der Pflanzung sollten nur 1 l Kompost pro m^2 ausgebracht werden, dann müssen lediglich noch etwa 30 g Horngries und 50 g Kalimagnesia bei der Pflanzung gegeben werden. Wer keinen Kompost hat, gibt mit der Aussaat oder Pflanzung rund 100 bis 120 g Hauert Hornoska spezial, Engelharts Gemüsedünger Sti-p-Ka oder Azet TomatenDünger pro m^2.

Zur Ernteverfrühung und als Frostschutz werden die ersten und die letzten Sätze mit Vlies abgedeckt.

Sorten

- *'Eiszapfen' ist ein Radieschen mit würziger, weißer, länglicher Knolle für den Frühanbau.*
- *'Marike' ist eine Gewächshaussorte für Frühjahr und Herbst mit roter, runder Knolle.*
- *'Topsi' ist ein rundes, rotes Radieschen für das Gewächshaus und den frühen Freilandanbau unter Folie.*
- *'Sora' ist ein rotes, rundes Radieschen für Frühjahr- bis Herbstanbau.*

Salatrauke (Rucola), Wilde Rauke

Eruca sativa, Diplotaxis tenuifolia – Kreuzblütler, Cruciferae

Die Rauke mit ihrem pikanten, nussigen Geschmack hat sich in den letzten Jahren einen Platz in unseren Küchen erobert. Die jungen Blätter schmecken entweder als Salat für sich oder in Mischsalaten, Kräuterquark und anderen Speisen als würzende und dekorative Beigabe.

Die klassische Salatrauke *Eruca sativa* ist einjährig und milder als die Wilde Rauke *Diplotaxis tenuifolia*. Sie hat auch eine kürzere Kulturzeit. Die Wilde Rauke mit ihren stark gezähnten Blättern ist eine ausdauernde Pflanze und nach der Ernte ein wenig länger haltbar – vermutlich einer der Gründe, warum man im Supermarkt fast ausschließlich die Wilde Rauke erhält.

Jung geerntete Salatrauke *Eruca sativa* schmeckt mild nussig-pikant.

Die Wilde Rauke *Diplotaxis tenuifolia* wächst langsamer, ist mehrjährig und sie hat mehr Schärfe.

Rauke lässt sich sehr leicht selbst heranziehen. Ins kalte, aber am besten frostfreie Gewächshaus kann sie von Ende Februar bis Anfang Oktober ausgesät werden, ins wärmere Gewächshaus im Prinzip ganzjährig.

Man kann die Rauke in Beete, Töpfe, Schalen oder in Balkonkästen säen. Der Samen wird etwa 1 cm tief in Reihen mit einem Abstand von 15 bis 20 cm abgelegt. In der Reihe beträgt der Abstand 4 bis 8 cm. Je nach Jahreszeit werden die Blätter nach etwa 4 bis 8 Wochen – vor der Blüte – geerntet.

Boden, Düngung und Pflege

Die Rauke mag sandig-lehmigen Boden. Sie ist ein Schwachzehrer und die Düngung entspricht der von Radieschen.

Endivie

Cichorium endiva – Korbblütler, Compositae

Endivie braucht auch im Herbst viel frische Luft.

Die Endivie ist eine Langtagpflanze, die unter Langtagbedingungen in die Blüte geht. Im Gewächshaus wird sie vorwiegend als Spätkultur angebaut. Ins ungeheizte Gewächshaus wird Ende August, ins frostfrei gehaltene Gewächshaus spätestens Mitte September gepflanzt.

Bei den Endivien unterscheidet man die ganzblättrigen (Escariol-) und die kraus- beziehungsweise geschlitztblättrigen Varietäten, wobei Letzteren auch die Friséesorten mit ihren fein gekrausten Blättern zugeordnet sind.

Jungpflanzenanzucht

Die Jungpflanzenanzucht dauert etwa 4 Wochen. Für den Anbau im ungeheizten Gewächshaus wird daher Ende Juli, für den Anbau im geheizten Gewächshaus Anfang August ausgesät. Für die Anzucht eignet sich ein freies Beet im Gewächshaus oder der Frühbeetkasten. Der Samen wird breitwürfig oder in Reihen ausgebracht und 1 cm mit Erde bedeckt.

Boden, Pflanzung, Pflege

Die Endivie verträgt normale Gartenböden. Gepflanzt wird im Abstand 30 x 30 cm. Die Nährstoffansprüche sind wie beim Kopf- und Eissalat. Solange die Witterung noch warm ist, muss gut gewässert werden, später darf der Boden nicht zu nass sein. Zum Herbst hin schützt man die Pflanzen mit einer Vliesauflage.

Die meisten der heutigen Endiviensorten sind selbstbleichend mit zarten, milden Blättern im Rosetteninneren. Bei nicht selbstbleichenden Sorten werden die äußeren Blätter 8 Tage vor der Ernte so zusammengebunden, dass sie die inneren Blätter bedecken, oder es wird eine Bleichhaube aufgesetzt.

Sorten

- *'Wallonne' ist eine robuste selbstbleichende Sorte im Friséetyp.*
- *'Escariol grüner' ist eine robuste, nicht selbstbleichende, ganzblättrige Sorte.*
- *'Nuance' ist eine robuste, selbstbleichende, ganzblättrige Sorte.*

Spinat

Spinacia oleracea – Gänsefußgewächse, Chenopodiaceae

Als Langtagpflanze wird Spinat erst ab August bis Mitte Mai angebaut. Außerhalb dieser Zeit muss man Sommersorten verwenden, die schossfest sind.

Im Gewächshaus wird Spinat im Herbst als Nachkultur ausgesät oder im Spätwinter als Frühkultur angebaut.

Für die Herbsternte sät man im Gewächshaus Ende August/Anfang September aus, für die Überwinterung Ende September. Ab Ende Januar kann der Frühjahrsanbau beginnen, denn Spinat keimt bereits ab 2 °C.

Am besten sät man in Reihen mit einem Abstand von 20 bis 30 cm. In der Reihe werden die Samen in 1 bis 3 cm Abstand und 2 bis 3 cm tief abgelegt.

Wie der Feldsalat tut auch der Spinat dem Gewächshausboden gut. Er ist Gemüse, das an frostfreien Tagen geerntet werden kann, und Gründüngung in einem.

Boden, Pflanzung, Pflege

Spinat kommt mit jedem normalen, nicht zu trockenen Gartenboden zurecht und hat einen niedrigen Nährstoffbedarf. Vor der Pflanzung gibt man 1 l reifen Kompost, 90 g Horngrieß und 100 g Kalimagnesia pro m^2.

Wer keinen Kompost hat, düngt 200 g Hauert Hornoska spezial, Engelharts Gemüsedünger Sti-p-Ka oder Azet TomatenDünger pro m². Spinat braucht ausreichend Wasser, verträgt aber keine Staunässe. Im Winter kann man ihn mit einer Gartenvliesauflage schützen.

Sorten

- *'Butterflay' ist eine robuste, mehltautolerante Sorte für den Früh- und Spätanbau, die auch überwintert werden kann.*
- *'Monnopa' ist eine bewährte, widerstandsfähige Sorte für den Anbau im Frühjahr, Herbst und zur Überwinterung.*
- *'Matador' ist eine bewährte Sorte für den Frühjahrs- und Herbstanbau. Sie ist winterhart.*

Feldsalat

Valerianella locusta – Baldriangewächse, Valerianaceae

Feldsalat wird an frostfreien Tagen gelüftet, damit er gesund bleibt.

Feldsalat kann bis Ende September ins unbeheizte Gewächshaus und bis Mitte Oktober ins frostfreie Gewächshaus gesät werden – entweder in Reihen in einem Abstand von etwa 10 cm oder breitwürfig.

In den letzten Jahren wird Feldsalat zunehmend vorkultiviert und dann in kleinen Tuffs ausgepflanzt. Das spart Platz während der Anzuchtphase, erleichtert das Hacken und vereinfacht die Ernte.

Jungpflanzenanzucht

Mit der Jungpflanzenanzucht beginnt man 4 bis 5 Wochen vor der geplanten Pflanzung. Pro zu bepflanzendem Quadratmeter werden 2 g Saatgut in einer Saatkiste (35 x 45 cm) ausgesät und angedrückt. Der Samen wird mit 1 cm Erde bedeckt und angegossen. Die optimale Keimtemperatur beträgt 15 bis 20 °C. Nach dem Auflaufen kann die Temperatur niedriger liegen.

Boden, Pflanzung, Pflege

Am besten wird das Beet bereits 10 Tage im Voraus hergerichtet und gegossen. Vor dem Säen oder Pflanzen zupft man das neue Unkraut, ohne den Boden umzuarbeiten.

Die Standweite sollte beim Pflanzfeldsalat 10 x 10 cm betragen. Es werden tuffweise immer acht bis zehn Pflänzchen pro Pflanzstelle gepflanzt. Mit der Pflanzung gibt man 1 l Kompost, 25 g Horngrieß und 25 g Kalimagnesia pro m² oder – wer keinen Kompost hat – 80 bis 100 g Hauert Hornoska spezial, Engelharts Gemüsedünger Sti-p-Ka oder Azet TomatenDünger. Nach der Pflanzung wird durchdringend gewässert. Feldsalat braucht in warmen Phasen viel frische Luft. Gegen Frosttrocknis bei Dauerfrost schützt eine Vliesauflage.

Sorten

- *'Vit' ist eine bewährte, ertragreiche Sorte mit guter Widerstandsfähigkeit gegenüber Falschem Mehltau.*
- *'Medaillon' ist eine widerstandsfähige Sorte für den Freiland- und Gewächshausanbau.*

Winterportulak (Tellerkraut)

Claytonia perfoliata – Quellkrautgewächse, Montiaceae

Winterportulak, auch Quellkraut, Postelein und Kuba-Spinat genannt, ist eine in Westeuropa vorkommende einjährige Wildpflanze aus der Gattung der Tellerkräuter. Die Vitamin-C-reiche Pflanze kann man aber auch im Gewächshaus, Frühbeet und je nach Region auch im Freien anbauen. Verwertbar sind die fleischigen Blätter sowie die Stängel und Blüten. Solange sie jung und zart sind, haben die Blätter einen mild-nussigen Geschmack und schmecken roh in gemischten Salaten, sonst bereitet man sie wie Spinatgemüse zu.

Winterportulak verträgt Frost.

Winterportulak ist ein Kaltkeimer und keimt bei Temperaturen zwischen 2 und 12 °C. Er eignet sich daher für den Anbau von Herbst bis Frühjahr.

Ausgesät wird ab September in Reihen mit einem Abstand von 10 cm. In der Reihe sollte der Kornabstand 1 bis 1,5 cm betragen. Winterportulak kann aber auch in Töpfen kultiviert werden. Der Samen wird nur leicht bedeckt.

Von der Aussaat bis zur Ernte dauert es je nach Temperatur und Standort etwa 60 bis 90 Tage. Winterportulak verträgt Temperaturen bis −15 °C. Die optimale Temperatur liegt tagsüber aber bei 10 und nachts bei 6 °C.

Winterportulak möchte einen lockeren, nicht frisch gedüngten Boden. Der Nährstoffbedarf ist niedrig, oft reichen die Reste der Vorkultur im Boden. Wenn man die Blätter nicht zu tief abschneidet, kann man mehrmals ernten.

Winterkresse (Barbarakraut)

Barbarea vulgaris – Kreuzblütler, Brassicaceae

Winterkresse gilt als appetitanregend.

Winterkresse ist eine zweijährige Pflanze, die bis zur Blüte im zweiten Jahr laufend geerntet werden kann. Die Blätter der vitaminreichen Winterkresse schmecken ähnlich wie Gartenkresse – beispielsweise Salaten beigegeben oder wie beziehungsweise mit Spinat gekocht.

Da Winterkresse bis zu –12 °C Frost verträgt, kann sie gut im unbeheizten Gewächshaus gedeihen. Von der Aussaat bis Erntebeginn dauert es 7 bis 10 Wochen – je nach Standort und Jahreszeit.

Winterkresse kann im März für die Ernte im Mai direkt im Gewächshaus ausgesät werden, im August für die Ernte im Spätherbst und im September für die Frühjahrsernte.

Winterkresse ist ein Lichtkeimer, der Samen wird nur angedrückt, nicht mit Erde bedeckt. Die Keimung beginnt ab 3 °C, optimal sind 12 bis 22 °C. Die Keimdauer beträgt 7 bis 21 Tage. Während der weiteren Kultur sind 12 °C tagsüber und 8 °C nachts optimal.

Jungpflanzenanzucht

Winterkresse kann auch 4 bis 5 Wochen vor der Pflanzzeit im warmen Gewächshaus unter optimalen Bedingungen vorgezogen und dann als typische Frühjahrs- oder Herbst- beziehungsweise Winterkultur gepflanzt werden. Dazu sät man in Saatschalen und vereinzelt die Keimlinge, sobald sie greifbar sind. Am Ende werden sie für die einjährige oder Kurzkultur im Abstand 10 x 15 cm ins Beet ausgepflanzt, für die zweijährige im Abstand 20 x 25 cm. Genauso ist aber auch eine Kultur im Topf möglich.

Boden, Düngung, Pflege

Winterkresse bevorzugt feuchten, lehmigen Boden an einem nicht zu sonnigen Standort. Gedüngt wird sie wie Spinat.

Löffelkraut (Löffelkresse)

Cochlearia officinalis – Kreuzblütler, Brassicaceae

Löffelkraut soll den Stoffwechsel anregen.

Löffelkraut, auch Löffelkresse und Skorbutkraut genannt, ist eine Pflanze des nördlichen Europas (Meeresküstenpflanze) und gehört dort inzwischen zu den geschützten Arten.

Man kann die vitaminreiche, scharf-würzige Pflanze im ungeheizten Gewächshaus, Frühbeet und im Freien anbauen – sie verträgt Temperaturen bis −20 °C. Die frisch geernteten herzförmigen Blätter finden sich in Salaten, Suppen, Kräuterbutter und Kräuterquark oder als Butterbrotbelag.

Wer Löffelkraut Ende September/Oktober ins ungeheizte Gewächshaus sät, kann im Winter ernten. Gesät wird in Reihen mit einem Abstand von etwa 25 cm. Der Samen wird nur ganz leicht mit Erde bedeckt. Die Mindestkeimtemperatur beträgt 6 °C, optimal sind 18 bis 25 °C. Die Keimzeit beträgt 3 bis 4 Wochen.

Löffelkraut verträgt sonnige und schattigere Standorte. Der Boden darf nicht zu trocken sein, besser sind feuchte, leicht lehmige Böden. Löffelkraut kommt sogar mit relativ salzhaltigen Böden zurecht. Auch der Nährstoffbedarf ist gering. Bei der Topfkultur kann das Gießwasser bei Bedarf etwas Flüssigdünger enthalten. Bei der Kultur im Boden ist Gartenkompost (1 l pro m^2) ein guter Dünger.

An kühlen, feuchten Plätzen ist Löffelkraut ausdauernd – im Gewächshaus wegen der Wärme im Sommer eher weniger. Aber Löffelkraut sät sich auch selbst aus.

Stielmus (Rübstiel)

Brassica rapa ssp. *silvestris* – Kreuzblütler, Brassicaceae

Stielmus sollte innerhalb von 1 bis 2 Tagen nach der Ernte verarbeitet sein.

Stielmus ist in den meisten Gegenden Deutschlands kaum bekannt, lediglich im Rheinland sowie in den Niederlanden haben die Stiele und Blätter von Rübsen mit ihrem milden rettichähnlichen Geschmack eine lange Tradition als Gemüse. Verwendung finden vorwiegend die langen Blattstiele, je nach Geschmack auch die jungen Blätter der Speiserübe, Wilde Rübse oder einer Varietät namens *Brassica rapa* var. *rapifera* subvar. *pabularia*. Das geerntete Gemüse passt zwar auch in Salate, aber meistens wird es klein geschnitten, gedünstet und als Fleischbeilage oder mit holländischer Soße verzehrt.

Im beheizten Gewächshaus kann Stielmus ganzjährig angebaut werden, im unbeheizten Gewächshaus eignet es sich zur Frühkultur ab Ende Februar. Gesät wird 1 cm tief direkt in den Boden. Der Reihenabstand sollte 20 bis 30 cm betragen, in der Reihe werden 80 Korn pro laufenden Meter ausgelegt. Die Keimung beginnt bei 3 °C, die optimale Keimtemperatur beträgt etwa 18 bis 22 °C. Die Keimdauer liegt bei 7 bis 18 Tagen. Nach dem Auflaufen wird die Temperatur soweit möglich auf tags 15 und nachts 10 °C abgesenkt.

Zum Anbau geeignet ist jeder gute Gartenboden. Bis zur Ernte dauert es im unbeheizten Gewächshaus bei der Frühjahrskultur etwa 2 Monate, sonst 5 bis 7 Wochen. Gedüngt wird Rübstiel wie Radieschen.

Sorte

- *'Namenia' ist eine ertragreiche Sorte der Art* Brassica rapa ssp. silvestris *mit hellgelben Blattstielen, bei der auch die jungen, zarten Blätter mitgekocht werden können.*

Bremer Scheerkohl (Schnittkohl)

Brassica napus var. *pabularia* – Kreuzblütler, Brassicaceae

Junger Scheerkohl ist zart und schmeckt mild süßlich. Mit dem Alter wird der Kohlgeschmack stärker und die Schärfe nimmt zu.

Dieser schnellwüchsige Blattkohl ist eine norddeutsche Spezialität mit langer Tradition. Verwendung finden die jungen Blätter und Blattstiele. Sie ähneln denen von jungen Kohlrabipflanzen und haben einen leicht nussigen Kohlgeschmack. Zubereitet wird der Bremer Scheerkohl meist wie Blattspinat, Wirsing oder Grünkohl und als Beilage zu Fisch oder Fleisch serviert. In modernen Rezepten taucht er als Füllung von Cannelloni oder Pfannkuchen auf. Die ersten jungen Blätter passen aber auch roh und geschnitten in gemischte Salate.

Im beheizten Gewächshaus kann man Bremer Scheerkohl ganzjährig anbauen. Er ist aber auch frostverträglich: Ins unbeheizte Gewächshaus sät man ihn im Februar als Frühjahrskultur und Anfang September als Herbstkultur.

Wegen der kurzen Kulturzeit von 6 bis 7 Wochen eignet sich dieses Gemüse auch gut als „Lückenfüller", wenn ein Beet kurzzeitig leer steht, oder als Zwischensaat in eine langsam bestandsschließende Kultur.

Gesät wird 1 bis 2 cm tief in normalen bis humosen Gartenboden, am besten in Reihen mit 10 bis 15 cm Abstand. Man kann aber auch breitwürfig säen und den Blattkohl dann mit der Sense ernten – vorausgesetzt das Gewächshaus ist groß genug. Die Keimung dauert bei 15 bis 25 °C 8 bis 12 Tage. Gedüngt wird der Bremer Scheerkohl wie Radieschen.

Sommergemüse

Viele unserer Sommergemüse, vor allem die Fruchtgemüse, stammen aus wärmeren Klimazonen und vertragen keinen Frost. Der Schutz eines Gewächshauses ermöglicht es, sie auch bei uns früh zu pflanzen. So bleiben die Pflanzen gesund und man kann sich über schöne Erträge freuen.

Tomaten

Solanum lycopersicum – Nachtschattengewächse, Solanaceae

Wie viele Tomaten man erntet, hängt von der Bestäubung der Blüten ab.

Weltweit soll es mehr als 3 100 Tomatensorten geben: hochwachsende oder klein bleibende Pflanzen mit großen oder kleinen Früchten in unterschiedlichen Farben und Formen.

Vor allem die unbegrenzt wachsende Tomaten (Stabtomaten) werden an langen Stäben, Spiralen oder Schnüren aufgeleitet. Daneben gibt es die begrenzt wachsenden Buschtomaten, die das Wachstum nach einigen Trauben von selbst einstellen. Manche sind so klein, dass ihnen ein Platz im Balkonkasten reicht.

Jungpflanzenanzucht

Die Jungpflanzenanzucht aus Samen dauert 7 bis 8 Wochen. Für die Pflanzung ins Kalthaus im Mai wird ab Mitte März ausgesät. Der Samen wird 0,5 cm tief in Aussaatkisten ausgesät und bei 22 bis 25 °C aufgestellt. Die Keimung dauert etwa 1 Woche.

Sobald man die Pflanzen greifen kann, wird pikiert und später dann einzeln in 10 cm große Töpfe gepflanzt. Nach dem Pikieren kann die Temperatur tagsüber auf 20 bis 22 °C, nachts nach und nach bis auf 14 °C abgesenkt werden. Während der Anzucht wird mehrmals flüssig in einer Konzentration von 0,2 bis 0,3 % gedüngt.

Boden, Pflanzung, Pflege

Die Tomatenpflanze bevorzugt einen lockeren Lehmboden, der nicht frisch gekalkt sein sollte.

Tomaten gehören zu den stark zehrenden Gemüsen. Wer unmittelbar vor der Sommerkultur 3 l Kompost in den Boden einarbeitet, gibt mit der Pflanzung 70 g Hornspäne und 150 g Kalimagnesia pro m^2. Wer keinen Kompost hat, verteilt nur 300 g Hauert Hornoska spezial, Engelharts Gemüsedünger Sti-p-Ka oder Azet TomatenDünger auf drei Gaben (je 100 g bei der Pflanzung, 3 und 6 Wochen nach der Pflanzung).

Die Temperatur sollte mindestens 14 °C betragen und nicht über 30 °C steigen. Die Luftfeuchte sollte während der Mittagszeit nicht zu hoch (nicht über 90 %), aber auch nicht zu tief (nicht unter 60 %) liegen, damit der Pollen bestäubungsfähig ist. An heißen, trockenen Tagen hilft es, den Boden am Vormittag mit Wasser zu benetzen, damit sich die Luftfeuchte erhöht.

Die kleinfrüchtige, samenfeste Buschtomate mit den zarten Blättern 'Maglia Rosa' entwickelt auch im Kübel viele Früchte. Am aromatischsten schmecken sie kurz vor der Vollreife.

Die Tomate ist ein Selbstbefruchter. Schütteln der blühenden Pflanzen 2- bis 3-mal pro Woche kurz vor Mittag fördert die Bestäubung.

Tomaten bilden in den Blattachseln Seitentriebe. Bei Stabtomaten werden diese, sobald man sie mit den Fingern greifen kann, ausgebrochen (ausgegeizt), bei Buschtomaten nur die überzähligen Triebe. Kranke oder verfärbte Blätter sollte man regelmäßig entfernen.

Drei Blätter über der 7. bis 8. Traube werden die Pflanzen entspitzt – mehr Früchte kann die Pflanze im ungeheizten Gewächshaus nicht bis zur Reife bringen.

Sorten

- *'Maglia Rose' ist eine bis 1,5 m hohe samenfeste Buschtomate mit leicht gestreiften roten, dattelförmigen und – früh geerntet – aromatischen Früchten.*
- *'Berner Rose' ist eine etwa 2 m hohe samenfeste Stabtomate mit zartschaligen, rosafarbenen und aromatischen Früchten bis zu 300 g Fruchtgewicht.*
- *'Goldene Königin' ist eine mittelgroße, reichtragende und samenfeste Stabtomate mit gelben Früchten und hervorragend für Salat geeignet.*
- *'Tigerella' ist eine reichtragende, widerstandsfähige Stabtomate, deren runde, mittelgroße Früchte rot mit gelblichen Tigerstreifen reifen. Sie ist samenfest.*
- *'Dolce Vita' F1 ist eine gegen viele Krankheiten resistente Stabtomate mit langen Rispen, an denen süße, aromatische, kirschgroße Früchte reifen.*

Paprika und Chili

Capsicum annuum – Nachtschattengewächse, Solanaceae

Grüne Paprika haben noch nicht die Vollreife erreicht und enthalten weniger Vitamine und Geschmacksstoffe. Für manche Gerichte werden sie dennoch bevorzugt.

Paprika und Chili sind eng verwandt. Paprikafrüchte sind eher groß und mild und werden als Gemüse oder Salatzutat verwendet. Chilifrüchte sind eher klein und leicht bis extrem scharf.

Im „frühreifen" Zustand kann die Fruchtschale von Paprika oder Chili dunkelgrün bis hellgelb gefärbt sein, im vollreifen Zustand wird sie dunkelrot, orange, tiefgelb oder violettschwarz.

Jungpflanzenanzucht

Ausgesät werden Paprika und Chili in der ersten Märzwoche, da die Jungpflanzenanzucht etwa 10 Tage länger dauert als bei der Tomate. Die Keimtemperatur sollte 22 bis 25 °C betragen. Die Samen keimen nach etwa 15 Tagen. Nach dem vollen Entfalten der Keimblätter werden die Sämlinge in 8 bis 10 cm große Töpfe pikiert. Während der weiteren Anzuchtzeit düngt man mehrmals flüssig mit dem Gießwasser in einer Konzentration von maximal 0,2 %.

Boden, Pflanzung, Pflege

Paprika und Chili kommen mit einem normalen Gartenboden zurecht. Die Pflanzen dürfen nicht tiefer gesetzt werden, als sie im Anzuchtgefäß standen, da sie sonst leicht an Stängelfäule erkranken. Niedrige Sorten brauchen keine Stütze, höhere Sorten werden durch waagrecht gespannte Netze oder Stützringe gehalten, richtig hochwachsende Sorten werden bei Langzeitkultur ein- oder zweitriebig an Schnüren und Ähnlichem hochgeleitet.

Die Ansprüche hinsichtlich Licht, Temperatur und Luftfeuchtigkeit sind ähnlich wie bei der Tomate, der Nährstoffbedarf ist etwas niedriger. Paprika verträgt keinen Mineraldünger vor der Pflanzung und ist salzempfindlich.

Wer unmittelbar vor der Sommerkultur 2 l Kompost in den Boden einarbeitet hat, gibt mit der Pflanzung sowie 3 und 6 Wochen nach der Pflanzung jeweils 25 g Hornspäne und 15 g Kalimagnesia pro m^2. Wer keinen Kompost hat, verteilt 270 g Hauert Hornoska spezial, Engelharts Sti-p-Ka oder Azet TomatenDünger auf drei Gaben (je 90 g bei der Pflanzung, 3 und 6 Wochen nach der Pflanzung).

Wegen der flachen Wurzelausbreitung und der geringen Wurzelmasse stellt Paprika höhere Anforderungen an die Wasserversorgung: Es muss häufiger – wenn auch mengenmäßig weniger – gegossen werden als bei Tomaten. Eine Mulchdecke aus gehäckseltem Stroh oder schwarze Mulchfolie unterstützt die gleichmäßige Feuchtigkeit im Wurzelbereich.

Cayenne-Chili hat eine dünne Fruchtwand und lässt sich gut durch Trocknung haltbar machen.

Sorten

- *'Bischofsmütze' (Glockenchili) ist eine hochwachsende, samenfeste Chilisorte mit glockenförmigen, aromatischen, scharfen Früchten, die rot abreifen.*
- *'Habanero rot' ist eine kleinwüchsige Chilisorte mit aromatischen, extrem scharfen Früchten, die mit der Reife rot werden.*
- *'Conchos' F1 (Jalapeño-Chili) wird maximal 1 m hoch. Die Früchte sind zylindrisch, (mittel-)scharf und werden grün für Tex-Mex-Gerichte verwendet.*
- *'Yolo Wonder' ist eine samenfeste Gemüsepaprikasorte, deren blockige, grüne Früchte sich beim Reifen rot färben.*
- *'Pusztagold' ist eine samenfeste Gemüsepaprikasorte, deren aromatische Früchte von Gelb und Orange nach Rot abreifen.*
- *'Goldflame' F1 ist eine Gemüsepaprikasorte, deren dickwandige Blockfrüchte mit der Reife gelb werden.*
- *'Mavras' F1 bildet dunkelviolette Früchte, die mit der Reife leuchtend rot werden.*

Gurken

Cucumis sativus – Kürbisgewächse, Cucurbitaceae

Gurkenpflanzen bilden normalerweise männliche und weibliche Blüten an einer Pflanze. Da an befruchteten Früchten Verdickungen entstehen, werden Sorten bevorzugt, die nur weibliche Blüten bilden. Diese bilden ihre Früchte ohne Befruchtung.

Gewächshausgurkensorten vertragen keine Temperaturen unter 14 °C, aber auch nicht über 40 °C. Etwas weniger empfindlich sind veredelte Gewächshausgurken. Sie sind außerdem resistent gegen Fusariumwelke (eine Pilzkrankheit).

Gewächshausgurken werden fortlaufend an einer Schnur hochgeleitet. Zu Anfang hat man oben etwas Reserve-Schnurlänge, die man bei Bedarf nachgibt.

Gurken sind wärmebedürftig. Hat man Gurken und Tomaten in einem Gewächshaus, sollten die Tomaten den luftigeren Platz an der Tür und die Gurken den wärmeren Platz im Inneren erhalten.

Jungpflanzenanzucht

Gurken für den Anbau im ungeheizten Gewächshaus werden ab Anfang April ausgesät. Die Keimtemperatur sollte zwischen 25 und 28 °C liegen. Die Samen werden 1 bis 2 cm tief, im Abstand von 3 x 3 cm abgelegt und keimen nach 5 bis 14 Tagen. Nach Ausbildung der Keimblätter werden die jungen Pflanzen einzeln in 10-cm-Töpfe pikiert. Die Töpfe können zunächst eng stehen, werden aber später auseinandergerückt. Die Temperatur kann nach dem Keimen etwas gesenkt werden, darf aber während der Anzuchtphase nicht unter 16, besser 18 °C sinken. In der zweiten Hälfte der Anzuchtphase wird 1- bis 2-mal in einer Konzentration von 0,2 % flüssig gedüngt. Mitte bis Ende Mai wird ins Kalthaus gepflanzt.

Boden, Pflanzung, Pflege

Gurken mögen einen lockeren, humosen Gartenboden, der nicht frisch gekalkt sein sollte. Gewächshausgurken werden nicht neben die Tür, sondern in die Gewächshausmitte gepflanzt. Man setzt die Pflanzen mit ungefähr 50 cm Abstand in eine Reihe in die Beetmitte – am besten auf einen kleinen Wall von etwa 20 cm Höhe.

Gurken werden an einer Schnur nach oben geleitet. Bei Erreichen der Dachhöhe wird die Pflanze entspitzt. Am Haupttrieb werden nur etwa vier bis sechs Gurken belassen, deren Fruchtansatz sich mindestens 60 cm über dem Boden befinden muss. Alle anderen Stammgurken und die Seitentriebe bis zu einer Höhe von 60 cm sollte man möglichst früh entfernen. Die restlichen Seitentriebe kürzt man jeweils nach dem ersten oder zweiten Fruchtansatz ein. In jeder Blattachsel wird nur eine Frucht belassen.

Ist die Pflanze genügend belaubt, werden die unteren Blätter bis zu einer Höhe von 60 cm entfernt, um eine bessere Belüftung zu erreichen und Krankheiten vorzubeugen.

Die optimale Gewächshaustemperatur ist tagsüber 25 °C und nachts 20 °C.

Gurken gehören zu den mittel bis stark zehrenden Gemüsen, abhängig von der Dauer der Kulturzeit. Wer unmittelbar vor der Sommerkultur 3 l Kompost in den Boden eingearbeitet hat, gibt mit der Pflanzung 60 g Horngrieß und 100 g Kalimagnesia pro m^2. Wer keinen Kompost hat, verteilt 300 g Hauert Hornoska spezial, Engelharts Gemüsedünger Sti-p-Ka oder Azet TomatenDünger auf drei Gaben (je 100 g bei der Pflanzung sowie 3 und 6 Wochen nach der Pflanzung).

Gurken haben einen hohen Wasserbedarf und müssen an heißen Tagen mehrmals Wasser bekommen.

Sorten

- *'Helena' ist eine Gewächshausgurkensorte, die lange, glatte Gurkenfrüchte ausbildet. Sie braucht an heißen Tagen eine Schattierung.*
- *'Persika' bildet kurze bis mittellange Früchte aus, die man aber auch früh als Minigurken ernten kann.*
- *'La Diva' ist widerstandsfähig gegen Echten und Falschen Mehltau. Sie bildet kurze, kernlose Früchte aus.*

Auberginen

Solanum melongena – Nachtschattengewächse, Solanaceae

Zum Rohverzehr sind Auberginenfrüchte nicht geeignet, geschmort, gebraten oder gebacken sind sie eine Delikatesse.

Leichtes Drücken zeigt die Reife der Auberginen. Gibt die Frucht leicht nach, ist sie reif.

Jungpflanzenanzucht

Für die Pflanzung Mitte Mai wird Anfang März ausgesät. Der Samen wird 0,5 cm tief abgelegt. Die Keimtemperatur sollte zwischen 22 und 28 °C liegen. Die Keimdauer beträgt zwischen 14 und 28 Tagen. Die Sämlinge werden nach der Ausbildung der Keimblätter einzeln in 10 cm große Töpfe pikiert. Die weitere Anzucht erfolgt bei 20 bis 24 °C. Je nach Bedarf wird mehrmals mit einem Flüssigdünger in einer Konzentration von 0,2 % gedüngt.

Boden, Pflanzung, Pflege

Ins unbeheizte Gewächshaus werden Auberginen Mitte Mai gepflanzt, ins beheizte Gewächshaus ab Ende April. Auberginen vertragen einen normalen Gartenboden. Hochwachsende Sorten pflanzt man im Abstand von 50 cm in einer Reihe in die Mitte des Beetes. Sie werden dreitriebig gezogen und aufgebunden. Alle 1 bis 2 Wochen entfernt man die Achseltriebe der drei Haupttriebe.

Bei weniger hohen Sorten legt man zwei Reihen pro Beet an, mit einem Pflanzenabstand von 50 bis 65 cm in der Reihe. Sie lässt man in der Regel buschig wachsen und entfernt nur gelegentlich überzählige Blüten oder Blätter.

Die optimale Tagestemperatur liegt bei 24 °C, die optimale Nachttemperatur bei 20 °C. Der Nährstoffbedarf der Aubergine entspricht etwa dem der Tomate. Werden die Pflanzen älter, entfernt man die unteren Blätter.

Auberginenfrüchte sind reif, wenn sie auf Fingerdruck leicht nachgeben. Die Kerne im Inneren sollten noch weiß und milchig sein.

Sorten

- *'De Barbentane' ist eine samenfeste Sorte mit schwarzen, glänzenden Früchten.*
- *'Dourga' ist eine Auberginensorte mit weißen Früchten.*

Pepino, Birnenmelone

Solanum muricatum – Nachtschattengewächse, Solanaceae

Dekorativ, lecker und gesund: Der Vitamin-C-Gehalt von Pepinofrüchten ist höher als der von Zitronen.

Pepinopflanzen werden etwa 1 m hoch, haben längliche Blätter und hell lilafarbene Blüten, aus denen sich gelbe Früchte mit lila Streifen bilden. Geschmacklich ähneln die Früchte Zuckermelonen. Man genießt sie roh, zum Beispiel in Fruchtsalaten, weckt sie ein oder macht aus ihnen Marmelade.

Jungpflanzenanzucht

Pepinos werden ab Februar ausgesät. Die Keimtemperatur sollte 22 bis 25 °C betragen. Die Samen keimen nach etwa 10 bis 14 Tagen. Nach dem Entfalten der Keimblätter werden die Sämlinge in 8 bis 10 cm große Töpfe pikiert. Während der weiteren Anzuchtzeit wird mehrmals mit dem Gießwasser in einer Konzentration von maximal 0,2 % flüssig gedüngt.

Wer nicht selbst aussäen möchte, kann auch Pepinopflanzen kaufen. Hat man einmal eine Pflanze, kann man sie durch Stecklinge weitervermehren.

Boden, Pflanzung, Pflege

Ab Mitte Mai kann Pepino ins ungeheizte Gewächshaus gepflanzt werden. Geeignet sind normale, durchlässige Gartenböden oder Erden. Wurde der Boden im Frühjahr oder vor der Pflanzung mit Kompost (2 bis 3 l pro m²) versorgt, ist zunächst keine weitere Düngung notwendig. Zu hohe Nährstoffgaben lassen die Pflanze ins Kraut schießen und keine Früchte bilden. Im Sommer wünschen die Pflanzen viel frische Luft und nach Möglichkeit Temperaturen unter 28 °C. Nachtabsenkungen bis auf 12 °C vertragen die Pflanzen gut.

Pepinos können in Buschform oder ein- bis dreitriebig aufgeleitet kultiviert werden. Erntereif sind die Früchte, wenn sie einen leichten Duft verströmen. Pepinos können im frostfreien Gewächshaus bei knapp über 10 °C überwintern.

Melonen

Cucumis melo, Citrullus lanatus – Kürbisgewächse, Cucurbitaceae

Zuckermelonen und Wassermelonen sind mit den Gurken verwandt.

Jungpflanzenanzucht

Melonen werden ab Ende März bis Anfang April ausgesät. Die optimale Keimtemperatur liegt bei 25 bis 28 °C. Der Samen wird 1 bis 2 cm tief in Saatkisten oder gleich in 10 cm große Töpfe abgelegt. Die Keimung dauert 7 bis 21 Tage.

Melonen entstehen nur aus befruchteten Blüten.

Boden, Pflanzung, Pflege

Die Bodenansprüche, die Pflanzung und auch die weitere Pflege entspricht etwa der von Gewächshausgurken.

Viele Zuckermelonensorten bilden nur an Seitentrieben 2. Ordnung Früchte aus. Bei der Aufleitung an Schnüren oder Netzen kappt man den Haupttrieb, wenn er die Dachrinne erreicht. Die neu gebildeten Seitentriebe werden nach dem zweiten Blatt gestutzt. An den Seitentrieben 2. Ordnung bilden sich nun weibliche Blüten und Früchte. Man belässt maximal sechs Früchte an einer Pflanze.

Im Gegensatz zur Zuckermelone werden die Fruchtansätze der Wassermelone an den Triebenden ausgebildet, weshalb deren Triebe nicht eingekürzt werden.

Der Befruchtung sollte man nachhelfen, indem man den Pollen mittels eines sauberen, trockenen Haarpinsels von einer gut stäubenden, männlichen Blüte auf die weiblichen Blüten überträgt.

Der Erntezeitpunkt ist erreicht, sobald sich ringförmige Risse um den Stielansatz zeigen. Dann werden die Früchte mit einem Messer abgeschnitten.

Sorten

- *'Stellio' F1 ist eine süße, aromatische Charentais-Melone (Hauptgruppe Cantaloupe-Melonen) mit orangefarbenem Fruchtfleisch.*
- *'Arava' F1 ist eine süße, aromatische Galiamelone mit gelblicher, genetzter Oberfläche und grünlich-weißem Fruchtfleisch.*
- *'Sugar Baby' ist eine schnell wachsende Wassermelonensorte mit dunkelgrünen, runden Früchten und rotem Fruchtfleisch.*

Stangenbohnen

Phaseolus vulgaris – Hülsenfrüchtler, Fabaceae

So attraktiv die lilafarbenen Bohnenfrüchte der Stangenbohne 'Blauhilde' an der Pflanze sind, beim Kochen werden sie grün.

Stangenbohnen sind ein wertvolles Kochgemüse, aber auch gut für den Boden, denn sie sorgen für Abwechslung, ihre Wurzeln gehen tief und sie leben in Symbiose mit Knöllchenbakterien, die Luftstickstoff binden.

Jungpflanzenanzucht

Stangenbohnen werden ab Mitte April vorkultiviert. Man sät jeweils sechs Bohnen in einen 10- bis 12-cm-Topf. Der Samen wird etwa 3 cm tief abgelegt. Die optimale Keimtemperatur beträgt 20 bis 25 °C. Nach der Keimung werden die zwei schwächsten Pflanzen entfernt. Ab Anfang Mai kann man ins unbeheizte Gewächshaus pflanzen.

Boden, Pflanzung, Pflege

Stangenbohnen kommen mit normalem Gartenboden zurecht. Sie werden an Stangen oder Schnüren aufgeleitet. Sie vertragen keine Staunässe, unkompostierten Stallmist oder frische Kalkung.

Wenn der Boden vor der Kultur mit 2 l Gartenkompost pro m^2 versorgt wird, werden nur noch etwa 50 g Horngries und 80 g Patentkali pro m^2 verabreicht. Wer keinen Kompost hat, gibt etwa 250 g Hauert Hornoska spezial, Engelharts Gemüsedünger Sti-p-Ka oder Azet TomatenDünger pro m² – auf zwei Gaben verteilt.

Die optimale Tagestemperatur bei Sonnenschein liegt bei 22 bis 24 °C, bei bedecktem Himmel bei 14 bis 16 °C. Nachts sollte sie um einige Grad tiefer sein.

Kranke oder verwelkte Blätter werden regelmäßig entfernt. Haben die Pflanzen den First erreicht, wird der Haupttrieb entspitzt.

Sorten

- *'Blauhilde' ist eine Stangenbohne mit fadenlosen, blauen Hülsen. Beim Kochen färben sich die Bohnen grün.*
- *'Neckarkönigin' ist eine altbewährte Sorte mit langen, grünen Hülsen, gutem Geschmack und hohen Erträgen.*

Gesunderhaltung von Gemüse und Kräutern

Jeder wünscht sich sein Gewächshaus voller gesunder Pflanzen und eine reiche Ernte. Mit vorbeugenden Maßnahmen verhindert man Krankheiten und Schädlinge, mit Bekämpfungsmaßnahmen reduziert man die Auswirkungen, falls es doch soweit kommt.

Vorbeugen

Die wichtigsten Maßnahmen, damit die Pflanzen im Gewächshaus erst gar nicht erkranken:

- *Robuste Sorten wählen*
- *Nur starke, gesunde Jungpflanzen ins Gewächshaus pflanzen*
- *Nur Pflanzen anbauen, deren Ansprüche an Klima, Boden und Pflege man erfüllen kann*
- *Ausreichend weiter Stand, damit die Luft zirkulieren kann*
- *Nicht über die Blätter gießen, sondern in den Wurzelbereich*
- *Lieber seltener, aber durchdringend gießen (außer bei Sandboden)*
- *Rechtzeitig lüften*
- *Natürliche Feinde der Schädlinge fördern (Marienkäfer, Florfliegen, Schwebfliegen, Gallmücken und viele andere), indem man ihnen Futterpflanzen und Nistplätze im Garten bietet und auf Pflanzenschutzmittel mit Langzeitwirkung verzichtet*
- *Regelmäßige Kontrollen der Blattoberseiten und -unterseiten*
- *Kranke Blätter regelmäßig abknipsen und aus dem Gewächshaus entfernen*

Heilen

Durch Blattfall, Blattaufhellungen, Verfärbungen, Blattflecken, klebrige Beläge und schlechten Wuchs signalisieren Pflanzen, dass etwas nicht stimmt. Ursachen können Standortprobleme, Pflegefehler, Krankheiten oder Schädlingsbefall sein.

Nützlinge gegen Schädlinge

Neben den Helfern aus der Natur gibt es auch Nützlinge speziell für die biologische Bekämpfung von Schädlingen im Gewächshaus. Sie müssen beim ersten Befall ausgesetzt werden:

- *Schlupfwespe Encarsia formosa gegen die Weiße Fliege*
- *Raubmilbe Phytoseiulus persimilis gegen Spinnmilben*
- *Florfliegen, Gallmücken und Schlupfwespen gegen Blattläuse*
- *Verschiedene Raubmilben und räuberische Blumenwanzen gegen Blattläuse und Thripse*

Man muss auf die Unterseite der Blätter schauen, um so kleine Schädlinge, wie hier die Spinnmilben an einem Bohnenblatt, frühzeitig zu entdecken.

Weiße Fliegen treten an vielen Pflanzen auf. Die erwachsenen Tiere, die wie winzige Motten aussehen, legen ihre Eier auf der Blattunterseite. Daraus schlüpfen ovale winzige Larven.

Die wichtigsten Schädlinge an Gemüse im Gewächshaus			
Schädling	**Symptome**	**Pflanzenart**	**Bekämpfung**
Weiße Fliege	Klebrige Blätter, später mit schwarzem Belag; kleine weiße „Motten", blattunterseits winzige Eier und gelbliche, eiförmige Larven	Gurken, Tomaten, Pepino	Vorbeugend: beleimte Gelbtafeln, biologisch: Schlupfwespe *Encarsia formosa*, sonstige: mehrmaliges Spritzen mit einem Kaliseife- oder Rapsöl-Präparat
Rote Spinne/ Spinnmilbe	Blattsprenkelungen und -aufhellungen; auf der Blattunterseite winzige „Pünktchen", die sich bewegen; bei starkem Befall zunehmend Spinnweben	Stangenbohnen, Gurken, Melonen, Pepino	Vorbeugend: tagsüber die Luftfeuchte durch Sprühen erhöhen, biologisch: Raubmilbe *Phytoseiulus persimilis*, sonstige: mehrmaliges Spritzen mit einem Kaliseife- oder Rapsöl-Präparat
Thripse	Blattsprenkelungen und -aufhellungen; auf der Blattunterseite 1–2 mm große „Striche", die sich bewegen; winzige, glänzende Kotflecken, bei Blütenpflanzen helle Sprenkelungen der Blütenblätter	Gurken, Melone, Paprika und andere	Vorbeugend: tagsüber die Luftfeuchte durch Sprühen erhöhen, biologisch: Raubmilben, räuberische Blumenwanzen, sonstige: mehrmaliges Spritzen mit einem Kaliseife- oder Rapsöl-Präparat
Blattläuse	Klebrige Blätter, später mit schwarzem Belag (Rußtau), geflügelte und/oder ungeflügelte 1–3 mm große Tiere; Wuchshemmungen, Missbildungen, Überträger von Viruskrankheiten	Gurken, Melonen, Paprika, Tomaten, Pepino, Auberginen	Vorbeugend: bedarfsgerecht düngen, biologisch: z. B. Florfliegen *Chrysoperla carnea*, sonstige: mehrmaliges Spritzen mit einem Kaliseife-Präparat
Minierfliegen	Miniergänge in den Blättern, teilweise sind die Blätter von Einstichstellen übersät	Gurken, Melonen, Tomaten und andere	Vorbeugend: beleimte Gelbtafeln, erste befallene Blätter entfernen, biologisch: Schlupfwespen gegen Minierfliegen
Raupen	Große Fraßstellen an den Blättern durch die Larven von Faltern, beispielsweise Kohlweißlingslarven an Kohl, Lauchmottenlarven an Zwiebelgewächsen	Kohlgewächse, Zwiebelgewächse	Vorbeugend: Schutznetze gegen zufliegende Insekten, biologisch: absammeln, Bacillus-thuringienses-Präparate gegen Raupen
Schnecken	Große Fraßstellen, Schleimspuren und Kot an den Blättern	Jungpflanzen, Kohlgewächse, Zwiebelgewächse und viele andere	Vorbeugend: Schneckenzaun, Boden trocken halten, regelmäßig Schneckenverstecke kontrollieren und absammeln (unter Brettern und Säcken), biologisch: Nematoden gegen Schnecken, sonstige: Bierfallen
Wurzelläuse	Kleine, oft mit Wachsausscheidungen bedeckte Insekten an den Wurzeln	Salat, Bohnen, Petersilie und andere	Wurzelbereich feucht halten
Trauermücken	Erwachsene Mücken schwirren über der Erde, in der Erde findet man glasig weiße Larven mit dunkler Kopfkapsel	Aussaaten, Gemüse und Kräuter in Töpfen und Kübeln	Vorbeugend: optimale Temperatur und Bodenfeuchtigkeit, beleimte Gelbtafeln, biologisch: Nematoden gegen Trauermücken und biologische Präparate

Die wichtigsten Krankheiten an Gemüse und Kräutern			
Krankheit	**Symptome**	**Pflanzenart**	**Bekämpfung**
Kraut- und Braunfäule	Braune Blätter und Früchte verursacht durch einen Pilz	Tomaten	Vorbeugend: viel lüften, Taubildung verhindern, Blätter nicht mit Wasser benetzen, kein Spritzwasser
Echter Mehltau	Mehlartiger Pilzsporenbelag auf der Blattoberseite	Gurken, Melonen	Vorbeugend: resistente Sorten verwenden, sonstige: Schwefelpräparate gegen Echten Mehltau
Falscher Mehltau	Blattoberseits gelbliche Flecken, blattunterseits weißlicher Pilzsporenbelag	Tomaten, Salat und andere	Vorbeugend: reichlich lüften, Luftfeuchte niedrig halten, resistente Sorten verwenden, sonstige: befallene Pflanzen/Pflanzenteile entfernen
Grauschimmel	Grauer, stäubender Pilzsporenbelag auf Blättern und Früchten	Salat, Spinat, Feldsalat, Paprika, Gurken	Vorbeugend: nicht über die Pflanze gießen, sondern in den Wurzelbereich, für schnelles Abtrocknen sorgen, regelmäßig (auch verblühte Blüten) ausputzen
Keimlingskrankheiten	Ungleichmäßiges Auflaufen der ausgesäten Samen, Keimlinge fallen um und sterben ab	Keimende Pflanzen	Vorbeugend: optimale Keimbedingungen für zügiges Keimen, nicht zu eng säen, gute Aussaaterde verwenden, nach dem Keimen eventuelle Abdeckungen entfernen
Virosen	Wachstumsstörungen, Missbildungen, Blattscheckungen durch Befall mit einer Viruskrankheit	Gurken, Tomaten, Salat und viele andere	Vorbeugend: virusresistente Sorten anbauen, sonstige: befallene Pflanzen entfernen

Blütenendfäule ist ein Zeichen von Kalziummangel in der Frucht, der aber oft das Resultat einer ungleichmäßigen Wasserversorgung ist.

Echtem Mehltau an Gurken beugt man am besten vor, indem man widerstandsfähige Sorten pflanzt.

Blütenendfäule und Platzen bei Tomaten

Nicht nur der Befall mit Schädlingen oder Krankheitserregern macht Pflanzen krank, sondern auch abiotische Faktoren, beispielsweise Pflegefehler wie falsches Gießen.

Bei der Blütenendfäule werden die Früchte auf der dem Fruchtstängel gegenüberliegenden Seite dunkel. Die betroffene Stelle ist klar von der sonstigen Frucht abgegrenzt. Die Früchte sind nicht zum Verzehr geeignet! Ursache für die Blütenendfäule ist ein Kalziummangel in der Frucht. Dieser Kalziummangel tritt im Sommer auf, wenn es heiß ist und die Früchte wachsen, aber nicht ausreichend Wasser vorhanden ist, mit dem die Pflanzen das Kalzium aus dem Boden bis in die Früchte transportieren können. Auch Tomaten in relativ kleinen Kübeln können betroffen sein, denn da reicht der Wasservorrat nicht bis zum nächsten Gießen. Gegenmaßnahmen: bessere Kalzium- und Wasserversorgung – letzteres beispielsweise durch eine fühlergesteuerte Tropfbewässerung.

Auch das Platzen der Tomatenfrüchte ist auf eine schlechte Wasserversorgung zurückzuführen. Meist liegt die Ursache darin, dass es erst sehr trocken und dann plötzlich sehr nass war. Für das Platzen sind die Sorten unterschiedlich anfällig. Dünnhäutige Sorten platzen leichter als dickhäutige.

Umweltverträgliche Unkrautbekämpfung

Pflanzen, die sich da ausbreiten, wo man sie gerade nicht will – sei es, weil sie den Kulturpflanzen Nährstoffe, Wasser und Licht wegnehmen, oder sei es, weil sie Krankheiten fördern, die den ausgesäten oder ausgepflanzten Pflanzen schaden können –, kann man völlig giftfrei bekämpfen. Umweltschonende Maßnahmen gegen unerwünschte Beikräuter:

- *Hacken und Jäten*
- *Bodenbedeckung (Mulchen) mit Stroh, Grasschnitt und anderen natürlichen Materialien, notfalls mit Mulchfolie*
- *Untersaat/Unterpflanzung/Mischkultur: beispielsweise den Boden zwischen frisch gepflanzten Tomaten mit Kräutern, Sommerblumen und Ähnlichem bepflanzen*
- *Abflammen mittels „Unkrautbrenner"*

„Falsches Saatbett"

Die Methode „Falsches Saatbett" wird etwa 2-3 Wochen vor der eigentlichen Aussaat oder Pflanzung durchgeführt. Durch sie wird die Zahl der Unkräuter auf natürliche Art und Weise reduziert. Das Beet wird wie üblich für die Aussaat oder Pflanzung vorbereitet und dann, ohne dass gesät oder gepflanzt wurde, bewässert. Wärme und Feuchtigkeit lassen die Unkräuter sprießen. Kurz vor der Aussaat oder Pflanzung (und unbedingt, bevor es blüht) wird das Unkraut mit einer Handhacke vorsichtig gehackt oder von Hand gejätet; dabei wird die Erde nur an der Oberfläche und möglichst wenig bewegt. Sind es nur gekeimte Samenunkräuter, kann man sie liegen und in der Sonne vertrocknen lassen, ansonsten sollte man sie mit einem Rechen vorsichtig vom Beet holen. Der Boden darf vor der eigentlichen Aussaat oder Pflanzung nicht mehr gewendet oder bearbeitet werden, damit keine neuen Unkrautsamen oder austriebfähige Wurzelstücke nach oben geraten, wo sie keimen oder treiben würden.

Das Gewächshaus im Gartenjahr – Arbeiten nach Monaten

01 Januar

Im kalten Gewächshaus stehen Wintergemüse wie **Feldsalat** und **Spinat**. An frostfreien Tagen muss man tagsüber lüften. Bewässert wird nur, wenn der Boden trocken ist. Sind die Pflanzen bereits erntereif, kann man sie an frostfreien Tagen schneiden.

Im warmen Anzuchtgewächshaus wird im Januar mit den ersten Gemüseaussaaten begonnen: **Kohlrabi**, **Salat** und **Rettich**, die Ende Februar/Anfang März in ein kaltes Gewächshaus gepflanzt werden können.

Eine Schneedecke auf dem Dach wirkt zwar als Isolierung, darf aber nie so hoch werden, dass das Gewächshaus beschädigt wird. Anzuchtgewächshäuser sollte man tagsüber schneefrei halten.

02 Februar

Im ungeheizten oder frostfreien Kalthaus beginnt man ab Ende des Monats mit der Bodenvorbereitung. Ende Februar/Anfang März können **Kohlrabi**, **Rettich** und **Salat** gepflanzt werden. Mit ein bis zwei Lagen Vlies (und nachts zusätzlich Zeitungspapier) sind sie zusätzlich vor Frost geschützt. Außerdem kann man nachts Strohmatten außen auf das Gewächshaus legen.

Ab Ende Februar/Anfang März kann man im ungeheizten oder gerade frostfrei gehaltenen Kleingewächshaus oder im Frühbeet auch direkt in den Boden Gemüse aussäen – beispielsweise **Spinat**, **Kresse**, **Radieschen** und **Erbsen**. An frostfreien Tagen muss man sowohl Frühbeete als auch Gewächshäuser tagsüber rechtzeitig lüften, sonst wird es zu warm und die Schwankungen zwischen Tag und Nacht sind zu groß.

03 März

Ist der Schnee weg und der Frühling in Sicht, werden Winterschäden beseitigt und die Regenrinne gereinigt und repariert.

In einem kalten Gemüsegewächshaus können weiterhin **Salat**, **Kohlrabi** und **Rettich** gepflanzt sowie **Spinat**, **Erbsen**, **Radieschen**, **Möhren**, **Schnittsalat** und **Gartenkresse** direkt in den Boden gesät werden.

Im warmen Anzuchtgewächshaus oder in einer warmen Anzuchtkabine mit 18 bis 24 °C kann man ab März **Tomaten** und **Melonen** aussäen.

04 April

Im April beginnt die Erntezeit im kalten Gemüsegewächshaus. Und das ist gut so, denn ab Ende April/Anfang Mai brauchen wir den Platz für **Tomaten**, **Gurken**, **Paprika** und andere **Sommergemüse**. Aber Vorsicht: Diese Pflanzen vertragen keinen Frost – also lieber auf den Langzeitwetterbericht hören und unter Umständen erst etwas später pflanzen.

Im Anzuchtgewächshaus werden im April **Gurken** (für die Pflanzung ins Frühbeet) sowie **Spätkohl** und **Salat** für die spätere Pflanzung ins Freie ausgesät und vorgezogen.

05 Mai

Im Mai werden die Sommergemüse wie **Tomaten**, **Auberginen**, **Gurken** und andere ins Gewächshaus gepflanzt. Da es eine ganze Zeit dauert, bis der Boden durch die Sommergemüse bedeckt und beschattet ist, kann man zwischen die Reihen der Neupflanzungen Mulch ausbringen, eine Gründüngung säen oder kleinbleibende **Gemüse**, **Kräuter** oder **Blumen** aussäen oder pflanzen. Im Anzuchtgewächshaus oder in der Anzuchtkabine werden ab Mai **Bohnen** und **Zucchini** und Ende des Monats auch **Grünkohl** für die spätere Freilandpflanzung ausgesät.

06 Juni

Alle Pflanzen werden nach Bedarf bewässert und gedüngt. Welke Blätter entfernt man. **Stabtomaten** werden ausgegeizt und – wie auch **Gurken**, **Auberginen** und andere – an Stäben, Spiralstäben oder Schnüren nach oben geleitet. Für mittelhochwachsende **Paprika- und Chilisorten** gibt es Stützringe oder es werden weitmaschige (Draht-)Netze gespannt, damit die Pflanzen nicht umfallen.

Ab Mitte Juni beginnt im Anzuchtgewächshaus die Aussaat von **Endiviensalat** und spätem **Blumenkohl**, damit die Jungpflanzen Mitte Juli pflanzfertig sind.

07 Juli

Im Juli ist Hauptwachstumszeit der **Sommergemüse** und die Pflanzen müssen ausreichend bewässert und gedüngt werden. Falls die Lüftungsöffnungen des Gewächshauses nicht ausreichen, um die Temperatur im verträglichen Bereich zu halten, muss man schattieren. Auch sollte man darauf achten, dass sich im Kleingewächshaus kein Tau bildet. Vor allem bei **Tomatenpflanzen** ist es wichtig, dass sie keine nassen Blätter bekommen. Sonst droht ein Befall von der gefürchteten Kraut- und Braunfäule-Krankheit.

Im Anzuchtgewächshaus wachsen **Chinakohl** und **Endivien** heran. Der Chinakohl wird Ende Juli ins Freiland gepflanzt, der Endiviensalat kommt ins Gewächshaus und ist im Herbst erntereif.

08 August

Der August ist der Haupterntemonat der **Sommergemüse**.

Von **Stabtomaten** werden etwa Mitte des Monats die Spitzen gekappt, damit nur die bereits gebildeten Trauben ausreifen, aber keine weiteren Blüten gebildet werden, die nicht mehr zur Reife kommen würden.

Mitte August wird der **Spinat** für die Herbsternte gesät.

09 September

Nach und nach werden die Sommergemüse abgeräumt. Wenn die Beete frei sind, kann man die Scheiben reinigen, Undichtigkeiten ausbessern, rostige Stellen behandeln, Scharniere ölen und schlecht schließende Türen und Lüftungsklappen reparieren.

Ist das Kleingewächshaus für die nächsten Monate vorbereitet, kann man die **Herbst- und Wintergemüse** säen: **Winterportulak**, **Löffelkraut**, **Radieschen**, **Spinat** und **Feldsalat**. Im September können aber auch noch **Endiviensalat** und **Kopfsalat** gepflanzt werden.

10 Oktober

Wer sein Gewächshaus im August oder September noch nicht auf Vordermann gebracht hat, sollte das Anfang Oktober tun.

Bis Ende September/Anfang Oktober kann man **Spinat**, bis Mitte Oktober Feldsalat zur Überwinterung im Kleingewächshaus aussäen.

Wer später **Schnittlauch** aus Schnittlauchballen in einem warmen Gewächshaus treiben möchte, muss die Ballen Ende Oktober/Anfang November ausgraben und im Freien lagern.

11 November

Im Freiland kommen jetzt **Lagergemüse** zur Ernte – sie können im ungeheizten Gewächshaus in einer Erdmiete eingelagert werden.

Spinat und **Feldsalat**, die im ungeheizten Kleingewächshaus überwintern, brauchen an warmen und sonnigen Tagen frische Luft – es muss tagsüber gelüftet werden.

Für die Petersilientreiberei wird jetzt **Wurzelpetersilie** im Freilandbeet gerodet oder man besorgt sich Wurzeln beim Gärtner.

Vor allem wer sein Kleingewächshaus frostfrei oder wärmer heizt, sollte noch einmal prüfen, ob die Türen und Lüftungsklappen gut schließen. Man kann Gewächshäuser auch nachträglich mit Luftpolsternoppenfolie isolieren.

12 Dezember

Alle Pflanzen werden regelmäßig auf Krankheiten und Schädlinge kontrolliert. Schnee wird vom Gewächshausdach abgekehrt.

Das aktuelle Gartenjahr geht nun auch im Kleingewächshaus zu Ende, das nächste steht bevor. Jetzt ist Zeit, die ersten neuen Saatgut- und Pflanzenkataloge anzufordern und die Aussaaten und Pflanzungen für das nächste Jahr zu planen.

Service

Wer jetzt noch mehr wissen und erleben möchte, der findet auf den folgenden Seiten empfehlenswerte Adressen sowie Informationen zu lesenswerten Büchern und Websites.

Bezugsquellen

WAMA Walter Mauden GmbH & Co. KG
(Gewächshäuser, Montageservice, Hochbeetgewächshäuser, Zubehör)
Hollertszug 27
57562 Herdorf
www.wamadirekt.de

Krieger Gewächshäuser
(Gewächshäuser, Anlehngewächshäuser, Gewächshausausstattung, Klimatechnik)
Kuno Krieger GmbH
Gahlenfeldstr. 5
58313 Herdecke
www.kriegergmbh.de

Palmen GmbH
(Gewächshäuser, Orangerien, Mauergewächshäuser, Glaspavillons)
Grüner Weg 37
52070 Aachen
www.palmen-gmbh.de

Selfkant-Wolters GmbH
(Gewächshäuser, Orangerien)
Maria Lind 29
52525 Waldfeucht
www.selfkant-wolters.de

Beckmann Gewächshäuser & Gartenartikel
(Gewächshäuser, Tomaten- und Pflanzenhäuser, Frühbeete, Pflanzentunnel, BETA SOLAR Wärmespeicher, Klima- und Bewässerungstechnik)
Ing. G. Beckmann KG
Simoniusstr. 10
Industriegebiet Atzenberg
88239 Wangen/Allgäu
www.beckmann-kg.de

Josef Weiss Plastic GmbH
(Gewächshäuser, Frühbeete und Pavillons)
Fichtenstr. 26
85649 Hofolding
www.plexiweiss.de

Princess Gewächshäuser/TMK GmbH
(Gewächshäuser mit Klappwand, Hochbeetgewächshaus, Innenschattierung)
Industrieparkstr. 4
8480 Mureck in Österreich
www.princess-glashausbau.at

Gewächshauszubehör Hunecke GmbH
Krackser Str. 12
33659 Bielefeld
www.hunecke-zubehoer.de

MMM Tech Support GmbH & Co. KG
(Messgeräte, Tensiometer etc.)
Weigandufer 18
12059 Berlin
www.mmm-tech.de/de

offgridtec – autonome Stromversorgung
Landshuterstraße 141–143
84307 Eggenfelden
www.offgridtec.com

Ausflugstipp

Kleingarten für Gemüse und Kräuter an der Hochschule Weihenstephan-Triesdorf (Gewächshäuser, Frühbeete, Hochbeete und mehr): http://www.hswt.de/weihenstephaner-gaerten.html

Bücher

Schumann, E./Milicka, G. (2019): Das Kleingewächshaus – Technik und Nutzung. Verlag Eugen Ulmer, Stuttgart.

Schumann, E. (2017): Paprika und Chili erfolgreich anbauen. Verlag Eugen Ulmer, Stuttgart.

Schumann, E. (2014): Tomaten für Garten & Balkon. Verlag Eugen Ulmer, Stuttgart.

Heistinger, A./Noah, A. (2013): Das große Biogarten-Buch. Löwenzahn Verlag, Innsbruck.

Kawollek, W./Kawollek, M. (2016): Alles über Pflanzenvermehrung. Verlag Eugen Ulmer, Stuttgart.

Hubert, Y. (2016): Urban Gardening: Gemüse anbauen ohne Garten. Verlag Eugen Ulmer, Stuttgart.

Lorenz-Ladener, C. (2012): Kleine grüne Archen: Passivsolare (Erd-)Gewächshäuser selbst gebaut. ökobuch, Staufen im Breisgau.

Infos im Web

Geodätisches Kuppel-Gewächshaus

www.vielfaltsgarten.de/index.php/ueber-uns/unser-garten/21-geodom

Paul Roinson Kuppel- und Pyramidengewächshäuser

https://www.youtube.com/user/pauly1060/featured

Steckelementesystem für Holzlatten

www.varioquick.de

Gitterverstärkte Folien

www.doerken.de/bvf-ch/produkte/garten/gartenfolien/index.php

Doppelfolie F-Clean

www.f-clean.net

Leitfaden zur Kompostierung im Garten (HSWT)
www.hswt.de/fileadmin/Dateien/Forschung/Wissenstransfer/
Freizeitgartenbau/Dokumente/leitfaden-kompostierung_zfw_2014-04.pdf

Hypdroponik
www.growland.net/General-Hydroponics
https://de.eurohydro.com
https://www.youtube.com/watch?v=5fhCikwsyz4 (Video, engl.)
https://de.wikihow.com/Tomaten-in-Hydrokultur-züchten

Saatgut seltenerer Arten und Sorten
www.saatgut-vielfalt.de
www.bingenheimersaatgut.de
www.dreschflegel-shop.de
https://bio-saatgut.de
www.kraeuter-und-duftpflanzen.de
www.pepperworldhotshop.de/samen

Nützlinge
www.nuetzlinge.de

Register

Bildquellen

Alle Fotos stammen von der Autorin, mit Ausnahme der folgenden:
badahos/Shutterstock.com: S. 102 u.
Baumjohann, Dorothea: S. 111, 112
Bio Green OHG, Marburg; www.biogreen.de: S. 34
botanikfoto/Heinz Hauser: S. 8, 18 li.
Catalin Petolea/Shutterstock.com: S. 91
Dipl. Des. Boris Hallmann, www.kugelgewächshaus.de: S. 14
Flora Press/Meyer-Rebentisch: S. 97
Friedrich Strauss: S. 69
Gardena: S. 63 u.
Ing. G. Beckmann KG, Wangen; www.beckmann-kg.de: S. 16
Kingarion/Shutterstock.com: S. 118–119
Knuth, Mario/Walipini.de: S. 12
Kuno Krieger GmbH, Herdecke; www.kriegergmbh.de: S. 26, 28, 40
mariakraynova/Shutterstock.com: S. 3, 31
Marina Lohrbach/Shutterstock.com: S. 4–5
mauritius images: S. 22, 53, 72, 83, 86, 90 o., 90 u., 94, 95, 96, 105, 71
Mike BiTa/Shutterstock.com: S. 66
Ortner, Marlies: S. 37
sirtravelalot/Shutterstock.com: Titelfoto, S. 2
Suriyun/Shutterstock.com: S. 3 u., 100
UrbanFarmers AG, 2016: S. 15
Vietmeier, Andreas: S. 109 u.
Wolfgang Grüne, www.wolf-aqua.de: S. 67
Zoonar/Dmitry Bruskov: S. 10
Zoonar/Frank Hecker: S. 68, 92
Zoonar/Himmelhuber: S. 3 mi., 18 re., 19, 25, 55
Zoonar/Manfred Ruckszio: S. 93

Die Zeichnungen stammen von Helmuth Flubacher.

Impressum

Die in diesem Buch enthaltenen Empfehlungen und Angaben sind von der Autorin mit größter Sorgfalt zusammengestellt und geprüft worden. Eine Garantie für die Richtigkeit der Angaben kann aber nicht gegeben werden. Autorin und Verlag übernehmen keine Haftung für Schäden und Unfälle. Bitte setzen Sie bei der Anwendung der in diesem Buch enthaltenen Empfehlungen Ihr persönliches Urteilsvermögen ein.
Der Verlag Eugen Ulmer und die Autorin sind nicht verantwortlich für die Inhalte der im Buch genannten Websites.

Bibliografische Information der Deutschen Nationalbibliothek
Die Deutsche Nationalbibliothek verzeichnet diese Publikation in der Deutschen Nationalbibliografie; detaillierte bibliografische Daten sind im Internet über http://dnb.d-nb.de abrufbar.

Wollgrasweg 41, 70599 Stuttgart (Hohenheim)
E-Mail: info@ulmer.de
Internet: www.ulmer.de
Lektorat: Alessandra Kreibaum, Manuela Göhner, Bettina Brinkmann
Herstellung: Stephanie Haun
Umschlagentwurf: Verlag Eugen Ulmer
Satz: r&p digitale medien, Echterdingen
Repro: timeRay Visualisierungen, Jettingen
Druck und Bindung: Firmengruppe APPL, aprinta Druck, Wemding
Printed in Germany

ISBN 978-3-8186-0947-4